AF332398

DICTIONNAIRE

PHILOSOPHIQUE

OU

INTRODUCTION

A LA CONNOISSANCE

DE L'HOMME.

LONDRES,

M. DCC. LI.

DICTIONNAIRE
PHILOSOPHIQUE

ou

INTRODUCTION

A LA CONNOISSANCE DE

L'HOMME.

M. DCC.

EPITRE
DÉDICATOIRE.

A
MONSEIGNEUR ***

MONSEIGNEUR,

En vous offrant cet Ouvrage,
je rends un hommage publique
à la vertu. Ce n'est, ni votre

rang, ni votre crédit, qui m'engagent à vous le préſenter ? Si je connoiſſois un plus honnête-homme que vous, je lui dédie-rois mon Livre.

J'ai l'honneur d'être,

MONSEIGNEUR,

Votre très-humble & très-
obéïſſant ſerviteur,

AVERTISSEMENT.

CE petit Dictionnaire n'est qu'une introduction d'un Ouvrage que j'annonce au Public, & qui paroîtra bientôt sous le titre d'Essai sur les moyens de se rendre heureux. J'y ramene à un même principe, au désir de se rendre heureux, toutes les maximes de la morale & de la politique : mais j'ai crû, que pour être mieux entendu, je devois auparavant donner une définition des vices, des vertus, des plaisirs, des passions, des qualités du cœur & de l'esprit, & généralement de tout ce qui contribue, & de tout ce qui s'oppose à notre bonheur. Combien y a-t'il de personnes, pour qui ces mots n'ont qu'un sens vague & indéterminé, & qui par-là n'apperçoivent pas le rapport que les choses ont entre elles ? Je suis très-persuadé, que l'ignorance & les préjugés sont la cause de tous nos maux ; & que nous ne pouvons parvenir à la connoissance de la vérité, source de tout bien, qu'autant que nous aurons des choses, qu'il nous importe le plus de savoir une idée claire, exacte & précise.

C'est le sentiment du plus grand Philosophe, qui ait jamais été, du célebre Locke, qui prétend qu'on peut prouver les maximes de la morale aussi solidement qu'on démontre les propositions de Géométrie. Voici ses propres mots d'après la traduction de M. Coste.

Un moyen, par où l'on peut beaucoup rémédier à une partie des inconvéniens, qui se rencontrent dans les idées morales, & qui les ont fait regarder comme incapables de démonstration, c'est d'exposer par des définitions, la collection d'idées simples, que chaque terme doit signifier, & ensuite de faire servir les termes à désigner précisément & constamment cette collection d'idées. Je suis assuré du moins, que si les hommes vouloient s'appliquer à la recherche de la vérité selon cette méthode, & avec la même indifférence qu'ils cherchent les vérités mathématiques, ils trouveroient que ces premieres

ont une plus étroite liaison l'une avec
l'autre, qu'elles découlent de nos idées
claires & distinctes par des conséquences plus nécessaires, & qu'elles peuvent
être démontrées d'une maniere plus
parfaite, qu'on ne croit communément.

*Le titre de Dictionnaire Philosophi-
que, que je donne à cet Ouvrage, semble
exiger une définition de tous les termes
propres de cette science : mais on doit se
souvenir, que mon principal objet, comme
je l'annonce par mon second titre, est de
faire connoître l'homme : ainsi je me suis
plus attaché à peindre qu'à embarrasser
l'esprit de choses étrangeres à mon objet.
Toutes ces sublimes spéculations de la
métaphysique, sont plus satisfaisantes
pour l'esprit, qu'utiles pour les mœurs.*

*Pour parvenir plus sûrement à connoî-
tre l'ame j'ai crû qu'auparavant il falloit
examiner le corps, qui a avec elle un rapport si intime, que toutes les opérations
de l'une sont dépendantes de l'autre : c'est
pourquoi j'ai examiné avec soin les différens tempéraments, qui distinguent les
hommes les uns des autres, & qui sont la*

ſource des diverſes qualités de leur cœur
& de leur eſprit. Qu'on ne croye pas au
reſte, que je veuille inſinuer par-là, que
nous ne devons nos vices ou nos vertus
qu'au tempérament. je fais voir quel eſt le
pouvoir de la raiſon & de la coûtume pour
déterminer notre volonté & nos actions.

Il m'arrive quelquefois pour égayer la
matiere néceſſairement un peu ſérieuſe,
de citer des paſſages qui ont du rapport à
mon objet ; & alors j'ai ſoin de nommer
les Auteurs. A l'égard des définitions, il
eſt impoſſible que je ne me ſois pas quelquefois rencontré avec ceux qui ont trai-
té les mêmes ſujets ; ce ſera au contraire
une preuve que j'aurai bien penſé, quand
je ſerai d'accord avec les bons Auteurs.
Je déclare donc, dans la crainte qu'on ne
me ſoupçonne de plagiat, que j'ai profité
des lumieres de ceux qui ont écrit ſur la
même matiere, & ſurtout de l'excellent
Livre de M. de Vauvenargue, ſur la connoiſſance de l'eſprit humain, & je dis
avec lui : j'aime aſſez la gloire, pour ne
pas chercher à m'approprier celle d'un
autre. DICTIONNAIRE.

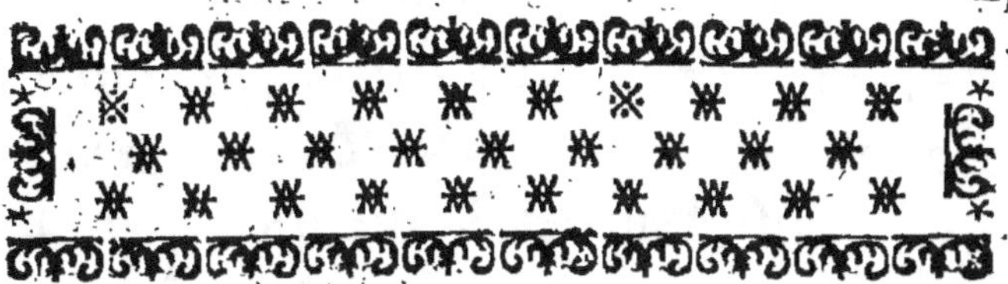

DICTIONNAIRE

Philosophique.

A

Abstrait.

Un homme abstrait est un homme concentré en lui-même, qui s'occupe à méditer sur des idées métaphysiques. Cette sorte d'esprit est propre au Cabinet, & insipide dans le commerce de la société.

Cette qualité vient du tempérament qui change selon la qualité des humeurs, qui varie suivant le climat, l'âge & les saisons. Tel, qui est né vif, enjoüé, gai, jusqu'à l'étourderie,

A

devient, sombre, abstrait, mélancolique par le chagrin & les excès, qui épaississent les humeurs, ralentissent le mouvement du sang, & produisent d'autres sensations, & conséquemment d'autres idées. Le physique influe plus que l'on ne croit sur le moral.

ADOLESCENCE. *Voyez* Age.

ADULTERE.

L'adultere, est celui ou celle qui viole la fidélité conjugale. *Voyez* Fidélité. Adultere s'entend aussi de l'action.

AFFABILITÉ.

L'affabilité est une maniere douce & affectueuse de recevoir, & d'écouter les personnes, que le hasard, ou la nécessité des affaires nous présente. C'est une vertu de société fondée sur l'amour des hommes, & le désir de leur plaire ; elle nous montre attentifs, prévenans, prêts à tout entreprendre pour rendre service. Elle doit plus à la réflexion qu'au tempérament.

AFFECTION.

L'affection est la maniere dont l'ame est affectée des choses dépendantes de la morale. Le galant homme, l'homme du monde est affecté de tout ce qui a rapport à la gloire ; le Philosophe, de tout ce qui tend au bonheur ; l'un préfere la réputation à la vertu, & l'autre la vertu à la réputation. Cette expression se prend en bonne & en mauvaise part ; on dit également d'un homme qu'il est bien ou mal affecté ; cependant il est plus ordinaire de la voir employée en bonne part, & pour lors affection signifie amour.

AGE.

L'âge est le tems de la durée d'une chose. La vie de l'homme est partagée

en plufieurs âges. L'enfance va jufqu'à quatorze ans ; c'eft le tems de l'é-
ducation, qu'on ne peut trop tôt
commencer. L'adolefcence commence à quatorze ans, & finit à vingt-
cinq. C'eft l'âge le plus critique, parce que les paffions y font plus vives,
& que la raifon n'eft pas affez formée
pour les contenir dans de juftes bornes. La jeuneffe eft depuis vingt-cinq
jufqu'à quarante. C'eft le regne de
l'ambition & du travail. L'âge mur
eft depuis quarante jufqu'à foixante ;
c'eft l'âge de la raifon, & le tems de
la récolte. La vieilleffe eft depuis
foixante jufqu'à quatre-vingt dix ;
c'eft le tems de la retraite & du repos ; le tems fait pour joüir des fruits
du travail & de l'expérience : après
viennent la caducité & la décrépi-
tude, qui entrainent à leur fuite les
infirmités & la mort.

Age. Le Pere Brumois que j'aurai occa-
fion de citer plus d'une fois, fait auffi le

portrait de quatre âges dans son Poëme des passions : ouvrage aussi profond & utile qu'agréable.

L'homme commence-t'il d'articuler des sons, & de former des pas assûrés, ses petites passions ont le brillant des éclairs, & la vivacité d'une flamme qui s'élance des cendres sous lesquelles le feu sembloit assoupi, sa colere étincelle, & se calme tout à coup ; il brûle, s'il n'obtient à l'instant ce qu'il désire. Il l'obtient, il le quitte ; il tremble dans les ténebres ; il rougit & pleure si on lui fait sentir sa faute ; souvent la honte étouffe ses paroles ; il est sensible à l'émulation de surpasser ses pareils ; toûjours en mouvement, il court & saute dans la maison Paternelle ; il construit de petits châteaux ; il aime à imiter les quadrupedes en marchant, ou les cavaliers en traînant un bâton ; il passe à son gré des ris aux larmes ; & le passage est court ; il varie en un mot, & change selon le caprice qui le guide.

Est-il arrivé à l'adolescence, ses passions se sont accrûes comme ses forces ; son mobile cœur est agité des flots de l'erreur & du vice ; prompt à secoüer le joug, & à rire des conseils sensés d'un pere vieilli, il se plaît dans les festins & dans les assemblées de plaisir : prodigue & peu inquiet sur l'avenir, il consume les biens paternels, &

ne connoît d'autres lois que celles que lui dicte une impérieuse paffion ; incapable de fe tenir en place, ardent à chercher des querelles & à fe vanger ; hardi jufqu'à méprifer les glaives, plein de folles chimeres, courageux jufqu'à la témérité, il femble puifer une grande ame du jeune fang qui bout dans fes veines.

Les années qui s'envolent, lui enlevent avec la fleur de la jeuneffe, le feu des paffions étourdies. L'âge mûr fait fuccéder le férieux à la bagatelle, & le devoir aux folâtres plaifirs ; l'homme dans fa maturité prévoit les évenemens & leurs conféquences. Il s'étudie à plaire, à s'infinuer dans la faveur, à fe faire une route aux grands emplois, à fuivre la fortune & l'ambition ; il fe reproduit lui-même dans une famille nombreufe, dont il devient le chef & l'appui.

Mais tandis que ces tendres foins le tiennent en haleine, il court à grands pas dans le chemin facile qui mene à la trifte vieilleffe. Arrivé à ce terme, fon efprit & fon corps commencent à fe glacer ; fa tête & fes joues fe couvrent de neige ; il fe hâte lentement ; fuperftitieux & ridicule à l'excès, il craint tout fans raifon ; un effain de foucis l'affiége, foit quand il fe cantonne dans le rempart de fes tréfors, pauvre hélas ! au milieu des monceaux d'or qu'il a accumulés pour d'autres que pour lui ; soit quand un long espoir lui fait porter au loin ses regards dans des années qu'il ne verra pas, ou qu'une envie secrette lui fait blâmer les doux momens dont abuse la jeunesse. Tant il est vrai que les passions issues du corps humain en suivent la naissance, le progrès, la décadence & la destinée.

AGRICULTURE.

L'agriculture est l'art de cultiver la terre. Elle mérite les premiers soins du gouvernement, c'est la source la plus pure des richesses d'un état.

AISANCE.

L'aisance dans les manieres est un agrément qui accompagne toutes nos actions, & qui consiste sur-tout dans la facilité, la promptitude & la grace des mouvemens du corps. L'aisance dans la fortune est cet heureux état de médiocrité, qui fait le bonheur de l'homme, & l'ambition du sage : elle est entre le nécessaire & le superflu.

AMBITION.

L'ambition eſt un déſir violent de parvenir aux honneurs & aux dignités. C'eſt la maladie de l'eſprit le plus incurable : les autres paſſions ſe calment par l'acquiſition du bien qu'elle pourſuivent ; mais la ſoif de l'ambitieux reſſemble à celle de l'hydropique, elle s'irrite & s'accroît à meſure qu'on cherche à la ſatisfaire.

L'ambition modérée qui n'emploie que des moyens légitimes pour parvenir, eſt ce qu'on nomme émulation ; & c'eſt pour lors une vertu qui concourt au bien de la ſociété, & conſéquemment au bonheur de celui qui l'éxerce. *Voyez* Emulation.

AME.

L'ame eſt cette partie de nous-même, qui ſent, qui penſe ; & qui commande au corps. L'ame conſidérée par ſa faculté de ſentir, s'appelle œur. L'ame conſidérée par la

faculté de penſer , ſe nomme eſprit.

Le rapport intime que l'ame a avec
le corps dont elle eſt dépendante pour
ſes opérations , a fait croire à quelques Philoſophes , & entre autres à
Ariſtoxenus , que l'ame n'étoit qu'une
harmonie réſultante des opérations
du corps , ce qui pourroit ſe concevoir de l'ame ſenſitive : mais cette
opinion eſt inſoûtenable , lorſqu'il
eſt queſtion de l'ame intelligente , car
comment concilier dans ce ſyſtème
les oppoſitions ſenſibles qui ſe trouvent tous les jours entre ces deux
agens ? L'effet n'eſt jamais contraire
à ſa cauſe. Platon & Zenon croyoient
que l'ame étoit une flamme céleſte, une
portion de la divinité , qui cherchoit
ſans ceſſe à ſe réunir à ſon tout. Platon
prétendoit qu'elle étoit indiviſible , &
par conſéquent immortelle : au reſte
toutes ces diſputes des Philoſophes
ſur l'immortalité, l'indiviſibilité, l'im-
matérialité de l'ame, ne font rien à la

morale. Quand on pourroit prouver que l'ame eſt mortelle; ce qui n'arrivera certainement jamais, on n'en feroit pas moins voir la néceſſité d'être vertueux pour joüir du bonheur au moins dans cette vie.

AMITIÉ.

L'amitié eſt un ſentiment d'affection, qui nous porte à aimer quelqu'un par l'attrait du plaiſir que nous nous promettons dans ſon commerce. Ce ſentiment naît du rapport de l'humeur, des goûts, des eſprits; il augmente par l'eſtime, s'entretient par des attentions réciproques, & finit par le peu de ménagemens que nous avons pour l'amour-propre.

L'amitié eſt un des plus grands biens dont l'homme puiſſe joüir. Il eſt bien doux d'avoir quelqu'un à qui l'on communique toutes ſes penſées, & tous ſes ſentimens, & qui reſſente nos plaiſirs & nos peines. Le partage des biens nous en procure une joüiſfance plus fenfible, & l'intérêt que l'on prend à nos afflictions les rend plus légeres.

AMOUR.

L'amour pris en général pour tout penchant du cœur, qui nous entraîne vers un objet plutôt que vers un autre, eft une affection de l'ame qui cherche à s'unir à tout objet qui excite en lui un fentiment de plaifir, ou qui fe complaît dans la joüiffance de ce même objet : ainfi l'on peut voir felon cette définition, que le défir n'eft pas effentiel à l'amour ; car l'amour de nous-même, qui poffede fon objet, ne le défire pas, mais fe complaît dans fa poffeffion : ainfi le défir ne fe joint à l'amour, que lorfqu'il n'a pas l'objet qui excite en lui un fentiment de plaifir. La complaifance dans l'objet en fait le fondement & l'effence.

Le fentiment du plaifir s'excite dans l'ame, ou par fenfation, ou par réflexion. Par fenfation, lorfqu'il nous

vient immédiatement des objets extérieurs, qui frappent nos fens; par
réflexion, lorfque l'efprit a jugé que
tel objet eft propre à contribuer à
notre bonheur. Je vais tâcher de rendre tout cela fenfible par un exemple
pris de cette efpece *d'amour* qu'un
fexe a pour un autre, & que je défi-
nirai après.

Je me trouve dans un cercle, j'y
vois plufieurs Dames, l'une attire
mes regards par l'éclat de fon tein
& la régularité de fes traits: voilà le
premier effet de la fenfation agréable; je l'éxamine plus attentivement,
& felon le caractere que fa phyfionomie exprimera, & le rapport qu'il
aura avec le mien propre, je la trou-
verai belle ou non: car qu'on y faffe
bien attention, c'eft une erreur de dire
que la beauté ne plaît pas toûjours;
dès qu'un objet ne nous plaît pas,
dès lors nous ne le trouvons pas beau;
il peut l'être pour un autre; la beauté
des phyfionomies eft très-arbitraire;

mais on ne nous perſuadera jamais
qu'il le ſoit pour nous, quand on
pourroit même nous démontrer que
cette perſonne eſt belle, ce qui
ne ſe péut pas, puiſque la beauté
n'eſt faite que pour être ſentie; elle
va au cœur & non pas à l'eſprit.

Dès que je trouve donc une perſonne belle, dès-lors je l'aime, &
voilà l'effet de la ſenſation qui excite en moi l'amour : ſi cette même
perſonne joint à ces dehors prévenans, les qualités du cœur & de l'eſprit, que je priſe le plus ; car encore
une fois, on n'aime dans les autres
leurs qualités, que par le rapport
qu'elles ont avec les nôtres ; que cette
perſonne ait donc ces qualités, & dès
lors je me livre tout entier à l'effet
de la premiere ſenſation : mais ſi la
réflexion vient à découvrir des défauts que l'illuſion de l'amour entretient quelquefois long-tems, je cherche à m'oppoſer à l'effet de ma ſenſation ; & en m'éloignant de l'objet

qui l'a caufée, & qui la renouvelle fans ceffe par fa préfence, je parviens à l'effacer de mon cœur; au lieu que tant que je le vois, il m'eft auffi impoffible d'en empêcher l'effet, qu'il dépend peu de moi de trouver mauvaife une liqueur qui flate mon goût; ce n'eft qu'en m'abftenant d'en boire que je puis empêcher l'effet du poifon qu'elle renferme.

On m'objectera peut-être qu'on n'a de l'*amour* que pour la beauté : j'en conviendrai. On ajoûtera qu'il arrive fouvent, que de plufieurs perfonnes qui paroîtront dans un cercle, ce ne fera pas toûjours celle qui nous paroîtra la plus belle que nous aimerons le plus, & je le nierai abfolument. Ce ne fera peut-être pas celle, dont les traits me paroîtront les plus réguliers, j'en conviens: mais les autres qualités que la phyfionomie exprime, fuppléront les agrémens de la figure qui lui manqueront, ou dumoins me paroîtront préférables; & alors la beauté

morale des fentimens l'emportera fur
cet affemblage de traits, que la mul-
titude qui n'a que des yeux met au-
deffus de tout autre mérite.

En réfléchiffant fur ce que je viens
de dire, on ceffera de s'étonner pourquoi des gens qui font difpropor-
tionnés d'âge, reffentent quelquefois de l'amour l'un pour l'autre. Pour
quoi une femme qui méprife un homme qu'elle voit tous les jours, ne peut
cependant s'empêcher de l'aimer.

L'on verra auffi que la nature de
l'amour, & les effets qu'il produit,
doivent néceffairement être auffi différens que fes caufes ; & qu'une même perfonne peut réunir plufieurs efpeces d'amour, tels que *l'amour-propre, l'amour de la gloire, l'amour des
plaifirs, l'amour des richeffes* &c.
Mais ces amours feront fubordonnés
les uns aux autres, & il en aura toûjours un dominant, & qui effacera
prefque les autres ; au refte plus un
homme aura de ces efpeces d'amours,

qu'on pourroit quelquefois appeller des goûts tant ils font légers, moins il aura de l'amour paffion.

Je ne me fuis tant étendu fur cet article, que parce que *l'amour* eft la fource de la plus grande partie de nos paffions, & qu'il me femble que quoiqu'on en ait beaucoup écrit, on ne l'a gueres peint que par fes effets. Je continue à définir fes différentes efpeces, & je commence par l'amour qu'un fexe reffent pour un autre.

AMOUR D'UN SEXE
pour un autre.

Cet amour eft différent fuivant fa caufe & fon objet. Quand il n'eft produit que par le befoin que la nature fait fentir à un certain âge plus ou moins, fuivant le tempérament, c'eft un penchant aveugle qui nous entraîne vers un objet ; c'eft une fureur de joüir, qui reçoit toute fa force & fa vivacité d'une violente fermen-tation qui fe fait dans le fang.

Cet

Cet amour eſt une eſpece de maladie qu'on ne peut empêcher, à moins
qu'elle ne ſoit le fruit de l'intempérance, ou des deſirs d'une imagination déréglée, ennemis beaucoup plus
redoutables pour notre bonheur, que
tous les beſoins de la nature, ſi faciles à ſatisfaire.

Dans cette eſpece, il en eſt une
autre ſorte. C'eſt la ſeule qui mérite
ce nom conſacré de tout tems à exprimer le plus grand des plaiſirs ; &
qui par-là devroit être reſpectable à
l'humanité. C'eſt cette heureuſe ſym-
pathie (*voyez ce mot*) de deux ames,
qui s'attirent, qui s'uniſſent & ſe con-
fondent dans une. Cet amour eſt fondé ſur cette ſecrete intelligence des
cœurs, par laquelle deux Amans
s'entendent ſans le ſecours de la voix ;
& ſur le rapport intime, qui ſe trouve entre leur façon de penſer & de
ſentir, rapport heureux, qui eſt la
véritable cauſe, qui le fait naître,
union délicieuſe, qui fait le charme

B

de la vie ! Un gefte, un coup d'œil, un fimple regard, le filence même eft pour de tels Amans un langage, qui ne trompe jamais; & qui eft mille fois plus expreffif, que celui de la parole: mais ce n'eft pas mon deffein de le peindre en ftyle d'Orateur, je ne dois dans cet Ouvrage en parler qu'en Philofophe; & comme tel, je dirai que l'amour eft un bien; mais qu'il devient fouvent un mal par l'abus qu'on en fait, & relativement aux perfonnes & aux préjugés. Il n'y a point de liqueur, quelque pure & falutaire qu'elle foit, qu'un vafe infecté de venin n'empoifonne.

L'amour de fympathie a pour but la joüiffance des fentimens du cœur; il s'entretient par le commerce de ces mêmes fentimens, & par une confiance mutuelle. Je ne nie pas que le plaifir des fens ne fe mêle quelquefois à des fentimens plus délicats; mais ce n'eft que d'une maniere acceffoire, & point du tout effentielle.

Cela est si vrai, que l'amour naît souvent dans l'enfance, qui ne connoît pas le besoin du tempérament. Réunissez donc deux personnes, qui n'en aient point, ce qui n'est pas impossible; & vous aurez cet *amour Platonique*, qu'on regarde comme une chimere, & qui est néanmoins existant.

Cette sorte d'amour a aussi une marque certaine, qui le distingue de l'autre de la même espéce. Bien loin de perdre de la vivacité par la joüissance, il acquiert encore un nouveau dégré de force par le sentiment de reconnoissance qui s'y joint; au lieu que l'autre amour, qui n'a point d'autre objet, s'éteint avec cette fermentation du sang, qui l'a fait naître : plus l'objet de l'amour est parfait, & plus ce sentiment est profond & durable.

Voici le portrait de ces deux amours dont je viens de parler.

Certain enfant qu'avec crainte on careſſe,
Et qu'on connoît à ſon malin ſoûris ,
Court en tous lieux précédé par les ris :
Mais trop ſouvent ſuivi de la triſteſſe.
Dans le cœur des humains il entre avec
 ſoupleſſe ,
Habite avec fierté, s'envole avec mépris.
Il eſt un autre Amour, fils craintif de
 l'Eſtime ,
Soûmis dans ſes chagrins, conſtant dans
 ſes déſirs,
Que la vertu ſoûtient, que la candeur
 anime ,
Qui réſiſte aux rigueurs, & croît par les
 plaiſirs :
De cet Amour le flambeau peut paroître
Moins éclatant, mais ſes feux ſont plus
 doux.
Voilà le Dieu que mon cœur veut pour
 maître :
Et je ne veux le ſervir que pour vous.

Voltaire.

AMOUR-PROPRE.

L'amour-propre eſt cet amour de nous-mêmes, qui veille continuellement à notre conſervation, & aux ſoins de nous rendre heureux. Cet amour-propre bien entendu, eſt la

ſource de toutes nos vertus. Les Philoſophes l'appellent amour de nous-
mêmes , pour le diſtinguer de cet
amour-propre aveugle , qui fait tout
pour ſoi , & qui produit les vices &
les forfaits, qui regnent ſur la Terre.
Ainſi l'amour-propre étant le principe de toutes nos actions, & faiſant
conſéquemment notre bonheur ou notre malheur , il eſt très-important de
le bien régler : ce qui ne ſe peut faire
que par la connoiſſance de nous-
mêmes & de nos devoirs, & ce que
j'entreprends dans l'eſſai que j'annonce, *ſur les moyens de ſe rendre heureux.*

Les trois grands mobiles de toutes les actions des hommes, *l'amour*
de la gloire, l'amour des plaiſirs, l'a-
mour des richeſſes, ſont les différens
moyens , que l'amour propre emploie
pour parvenir au bonheur.

Deux puiſſances dans l'homme exercent
leur empire ;
L'une eſt pour l'exciter ; l'autre pour le
conduire ;

B iij

L'amour-propre dans l'ame enfante le
    desir,
Lui fait fuir la douleur, & chercher le
    plaisir;
La raison le retient, le guide, le modere,
Calme des passions la fougue téméraire.
L'un & l'autre d'accord, nous donne le
    moyen,
Et d'éviter le mal, & d'arriver au bien.
Bannissez l'amour - propre, écartez ce
    mobile,
L'homme est enseveli dans un repos
    stérile.
Otez-lui la raison, tout son effort est
    vain;
Il se conduit sans regle; il agit sans
    dessein;
Il est tel qu'à la terre une plante attachée,
Qui végete, produit, & périt dessechée;
Ou tel qu'un météore enflammé dans la
    nuit,
Qui courant au hasard, par lui-même
    est détruit.
L'amour-propre en secret nous remue &
    nous presse,
Et toûjours agité nous agite sans cesse;
La balance à la main, la raison pese tout,
Compare, réfléchit, délibere & résout.
Par l'objet éloigné la raison peu frappée,
Est d'un bien à venir foiblement occu-
    pée;

Par le plaisir présent l'amour - propre
       excité
Le désire, & s'y porte avec vivacité.
Tandis que la raison conjecture, examine,
L'amour-propre plus prompt veut & se
       détermine.
Du penchant naturel les secrets mouve-
       mens
Sont plus fréquens, plus forts que des rai-
       sonnemens.
La raison dans sa marche est prudente
       & timide ;
Le vol de l'amour - propre est ardent &
       rapide.
Mais pour en modérer la vive impulsion,
La raison le combat par la réflexion ;
L'habitude, le tems, les soins, l'expé-
       rience
Répriment l'amour - propre & reglent sa
       puissance.
Qu'un Scholastique vain cherchant à dis-
       courir,
Cache la vérité loin de la découvrir.

Essai sur l'Homme de Pope,
Trad. de l'Abbé du Resnel.

L'AMOUR DE LA PATRIE.

L'amour de la patrie, qui paroît
d'abord si noble dans son prin-

B iv

cipe, n'eſt à le bien examiner qu'un
amour-propre déguiſé. On tient à
une femme, à des enfans, à des parens, à des amis, à des biens : voilà
ce qui attache à la patrie. Un malheureux, qui ne joüit d'aucun de ces
avantages, eſt indifférent ſur ce prétendu amour : l'Univers eſt ſa patrie.

ANALYSE.

Il y a deux ſortes d'analyſe, la phyſique & la morale.

L'analyſe phyſique eſt la décom-
poſition des parties d'une choſe.
L'analyſe morale eſt l'examen d'une
propoſition ou maxime.

L'analyſe morale eſt le plus ſûr
moyen de découvrir la vérité. Elle fait
l'office du Lapidaire, qui veut connoître la beauté d'un diamant taillé à
facettes ; il les examine chacune ſé-
parément : de même l'analyſe, en ſé-
parant chaque terme d'une propoſition, en les éloignant, en les rapprochant, les compare, & décou-

vre enfin le rapport qu'ils ont ensemble , & la vérité, qui réfulte de
l'affemblage de toutes ces parties.

ANTIPATHIE.

L'antipathie eft une forte haine ,
que la nature nous infpire pour certains objets ; haine fondée fur le peu
de rapport, que les chofes ont avec
nous, & fur le mal qu'elles peuvent
nous faire : ou enfin , fur l'idée que
nous en avons conçûe. L'antipathie
eft un fentiment, qui prévient toute
réflexion : c'eft une efpéce d'inftinct,
qu'on remarque dans les animaux.

APATHIE.

L'apathie eft un état de tranquillité , qu'aucune paffion ne peut troubler. Cet état , s'il en eft , eft plûtôt
infenfibilité, effet du tempérament,
que le fruit des efforts de la raifon ;
c'eft la *pierre philofophale* de la morale : & c'eft un grand bonheur pour
la fociété ; car fi l'homme pouvoit fe

rendre heureux lui-même, il s'inquiéteroit fort peu du bonheur des autres : il est fait pour l'action, & non pour la contemplation.

ARROGANCE.

L'arrogance est une maniere hautaine d'agir, ou de parler, qui annonce des prétensions. Il est sans doute des gens, à qui toutes sortes d'égards sont dûs : mais les prétensions qui les demandent comme une dette, n'en sont pas moins ridicules. L'homme né libre & indépendant dans ses volontés, se plaît à refuser ce qu'on exige de lui, & ce qu'il auroit accordé sans peine de son propre mouvement.

ARISTOCRATIE.

L'aristocratie est une espece de gouvernement, dans lequel le pouvoir souverain est exercé par un certain nombre de personnes considérables par leur rang & leur naissance , comme le gouvernement des Venitiens & des Genois. Ce gouvernement eſt ſujet à pluſieurs inconvéniens. Les principaux ſont la diviſion entre les chefs, les brigues, la ſéduction, la lenteur dans les délibérations & l'exécution, &c. La plus parfaite ariſtocratie, eſt celle qui s'éloigne le plus du gouvernement monarchique, & qui approche le plus de la démocratie.

ATHÉISME.

L'athéiſme eſt un ſyſtème, qui nie la divinité, & qui attribue tout ce qui exiſte aux différentes modifications de la matiere, qui eſt exiſtante de toute éternité, qui ne périra pas, qui change de forme continuellement, & qui par ces continuels changemens , produit tous ces événemens qui arrivent tous les jours, & que nous attribuons à une intelligence ſuprème.

ATTRAIT. *Voyez* Penchant.

ATTRIBUT.

L'attribut est ce qui est propre à chaque chose, & ce qui sert à la distinguer des autres : c'est un terme de Philosophie.

AVARICE.

L'avarice est un amour excessif des richesses. L'avare est un fripon, qui détourne un effet, qui doit circuler dans le commerce, & qui par cette circulation porte la fertilité & l'abondance dans la société ; semblables à ces vapeurs, que le Soleil attire à lui pour les répandre sur toute la Terre. Les richesses nous sont données pour les distribuer à ceux qui n'en ont point. C'est un dépôt, que la Providence a confié aux Riches. Combien en est-il, qui en sachent faire un bon usage ?

Avarice. Jetttez les yeux sur un genie

abhorré, c'est celui de l'infatiable avarice. Ses joues creufées & livides déclent fon éternelle foif. Les foucis cuifans y font tracés. Il ne s'occupe qu'à chercher un lieu fûr pour y dépofer fon thréfor. Il ne fe fie pas à lui-méme. Voyez-le parcourir les Foréts d'un œil attentif. Voyez fa crainte pour fon fardeau chéri. Un ombre l'épouvante, un fouffle fait trembler. Il craint que fa penfée ne le trahiffe. Il eft toûjours fa victime & fon bourreau.

Brumoy.

A V E N I R.

L'avenir eft le tems futur. Le défir de connoître l'avenir, eft la plus commune & la plus folle des maladies de l'efprit ; car je fuppofe, qu'on puiffe parvenir à cette connoiffance, quel en fera le fruit ? Ou l'on peut détourner les évenemens fâcheux, ou on ne le peut pas ; fi l'on ne le peut pas, à quoi bon troubler la joüiffance du préfent ; fi au contraire on le peut, ce n'eft que par une bonne conduite, & des moyens que la prévoyance doit toûjours employer. Que l'homme soit prudent, juste, tempérant, courageux dans l'adversité, bienfaisant dans la prospérité : & sans être astrologue, je lui prédis un heureux avenir.

De la fin de nos jours ne soyons point en
peine,
C'est un secret, Philis, qui n'est que pour
les Dieux ;
Méprisez ces Devins, dont la science
vaine,
Se vante follement de lire dans les Cieux.
Attendons en repos l'ordre des Destinées,
Prêt à leur obéir à toute heure, en tout
tems ;
Soit qu'il nous reste encore un grand nombre d'années,
Ou qu'enfin nous touchions à nos derniers momens.
Ne songez qu'aux plaisirs que donne la
jeunesse,
Nos jours durent trop peu pour de plus
grands desseins ;
Ce tems, cet heureux tems se dérobe sans
cesse;
Et fuit bien loin de moi, tandis que je
m'en plains.

Profitez en ce jour des douceurs de la
vie,
Songez bien qu'il s'en va pour ne plus
revenir ;
Et qu'après tout, Philis, c'est faire une
folie
De perdre le présent à chercher l'avenir.

Valincourt.

Audace. Témérité.

L'audace est un courage intrépi-
de, qu'inspire le mépris du danger :
la témérité est une fureur brutale,
qui s'y précipite, parce qu'elle ne le
voit pas ; & souvent même, parce
qu'elle le craint : l'audace au contraire
voit le péril, le brave, & vole au
devant de lui. Le poltron, que la
fureur & la honte aiguillonnent, devient quelquefois téméraire ; l'homme courageux, que l'honneur ou la
vertu anime, ressent dans le péril le
plus pressant des mouvemens d'audace, qui le portent aux grandes
actions : enfin, la témérité n'est qu'un
mouvement aveugle & passager, l'au-

dace eſt l'effet d'un courage éclairé. L'audace ſe dit encore de ces diſcours inſolens, de ces manieres hautaines, qu'un inférieur a vis-à-vis de ſes ſupérieurs.

AVERSION.

L'averſion eſt un éloignement que la nature nous inſpire pour les perſonnes, & pour les choſes qui n'ont point de rapport avec nos inclinations, nos goûts, nos ſentimens.

AUSTÉRITÉ.

L'auſtérité eſt une rigidité, une inflexibilité de mœurs, qui inſpire de l'éloignement pour les plaiſirs. Elle prend ſa ſource dans le tempérament mélancolique, ou dans une dévotion outrée, qu'on pourroit appeller ſuperſtition: pour lors elle eſt la marque d'un eſprit foible & peu éclairé. La vertu ne conſiſte pas dans des pratiques auſteres, qui ne font ni bien ni mal à la ſociété : mais l'a-

mour

mour de Dieu & du prochain. La plus aimable, eſt la moins ſuſpecte.

AUTORITÉ.

L'autorité eſt le pouvoir légitime, que les ſupérieurs exercent ſur ceux qui leur ſont ſoûmis.

L'authorité des Souverains eſt le plus ferme appui des Etats. C'eſt à eux à créer des Loix, & à les faire exécuter, pour maintenir l'ordre civil, & procurer le bien public : toute autorité qui s'éloigne de ce but, eſt une tyrannie.

B

BASSESSE.

La baſſeſſe des ſentimens eſt un défaut d'élévation dans l'ame, défaut qui vient d'une éducation négligée, & quelquefois auſſi d'un vice de conſtitution. Les indolens n'ont pas ordinairement beaucoup d'élévation dans les ſentimens, & ſe plongent dans un état de baſſeſſe, qu'on nomme abjection, dès qu'elle est volontaire.

BEAU.

Le beau peut se réduire à quatre genres.

Le beau visible, qui affecte le sens de la vûe.

Le beau moral, qui est du ressort du cœur.

Le beau dans les ouvrages d'esprit, qui lui appartient.

Le beau musical, qui flatte l'oreille.

Le beau visible est un accord, qui résulte des proportions que la nature ou l'art a mises dans ses productions : il consiste dans la variété réduite à l'unité.

Le beau moral est le rapport des actions de l'homme, avec la fin pour laquelle il est né : il consiste dans l'amour du bien public, & de l'ordre civil.

Le beau dans les ouvrages d'esprit, se divise en beau essentiel, en beau naturel, en beau arbitraire.

Le beau essentiel consiste dans l'honnêteté & la vérité unies à la clarté.

Le beau naturel consiste dans les images, dans les sentimens, dans les mouvemens. Les images doivent renfermer le grand & le gracieux, ou du moins l'un des deux : les sentimens, le noble, le fin, le délicat : les mouvemens, le fort & le tendre ; c'est aussi ce qu'on appelle le pathétique.

Le beau arbitraire consiste dans le goût propre à chaque nation.

Le beau musical consiste dans la mélodie, ou l'harmonie.

Tel est le rapport étonnant, qui se trouve entre les Arts, les Sciences & les Mœurs : le goût du beau conduit au goût du bon & de l'honnête.

BEAUTÉ.

La beauté du corps consiste dans l'exactitude des proportions de toutes ses parties ; celle du visage consiste dans la régularité & la finesse des traits, dans la fraîcheur & l'éclat du tein.

La beauté est le plus brillant des dons, que nous recevons de la nature; elle prévient en notre faveur, elle fait valoir les qualités solides, elle donne de l'éclat aux vertus : mais sans elle, elle ne sert qu'à exposer nos défauts à un plus grand jour.

Je cesse de m'étonner, que les hommes la mettent à un si haut prix, lorsque je considere les avantages qu'elle procure à ceux qui en joüissent. La beauté attire l'amour & la vénération des hommes; elle force, elle entraîne les cœurs par une douce violence; elle adoucit les mœurs, elle désarme la valeur brutale & féroce : sa vûe nous remplit d'une satisfaction, qui tient de l'enchantement; & le désir de lui plaire, est le plus vif aiguillon de la vertu; il éleve l'ame & la porte aux grandes actions. Mais d'un autre côté, lorsqu'on envisage les dangers auxquels elle expose, on est tenté de la regarder comme le plus grand des maux. Elle excite l'envie, les persécutions, les folles amours; elle bannit la raison, absorbe l'ame, & la remplit de trouble & d'agitation. D'ailleurs elle dure peu; & sa perte cause des regrets plus douloureux, plus sensibles, que sa joüissance n'a procuré de plaisirs.

Que conclurre de tout ce que je viens de dire? que la beauté n'est pas un bien réel & indépendant, qu'elle ne mérite pas notre attachement, & que nous ne devons l'estimer qu'autant qu'elle sert d'ornement à la vertu.

BESOIN.

Le besoin est un appétit secret, un avertissement de la nature, qui nous fait sentir la privation de ce qui nous manque, & nous porte à en rechercher la joüissance. Le besoin qu'on satisfait devient un plaisir : le besoin, qu'on ne peut satisfaire, est

une peine : les befoins, auxquels on
accorde plus qu'ils ne demandent,
font naître les dégoûts & la fatiété.
Il faut bien peu de chofes pour fatisfaire les befoins de la nature, qui fe
bornent à boire, à manger ; & à
réparer par le fommeil la perte des
efprits, qu'on a diffipés par l'exercice, & procurer aux fens par ce
moyen un repos, qui les délaffe en
relâchant la tenfion des fibres.

Le befoin ne s'entend pas feulement du néceffaire, il s'entend auffi
du fuperflu : tout ce que la cupidité
défire avec paffion, eft un befoin.

Le grand art de faire fervir les
befoins à notre bonheur, eft de leur
laiffer toujours quelque chofe à dé-
firer.

Befoins. Depuis l'ufage plus commun des
délices, dit le Pere *Brumoy*, il eft mille
chofes dont la nature ne peut fe paffer fans
regret. Oui certes, je le vois ; les befoins
fe font accrus avec le luxe. Ofez toutefois tromper vos vœux trop affamés : du

moins n'en souffrez point de nouveaux.
Dérobez-leur tout ce que vous pourrez;
les débris sur-tout de la joie & de la liberté, il en est tems encore. N'attendez-
pas que votre cœur soit entraîné par de si
fougueux coursiers.

BIENS.

Nous ne devrions regarder comme bien réel & indépendant, que
ce qui peut contribuer à notre bonheur; & pour lors, il n'y auroit de
véritable bien que la vertu, puisqu'elle seule peut nous rendre heureux, tous les autres étant relatifs,
& ne devenant bien ou mal, que par
l'usage qu'on en fait : mais nous
entendons par ce terme, tout ce qui
sert à augmenter nos plaisirs, & à
diminuer nos peines. Parmi ces biens,
il y en a qui dépendent de nous, &
d'autres qui n'en dépendent pas :
nous devons nous efforcer d'acquérir les uns & les autres, mais ne pas
trop compter sur les derniers.

Les biens qui dépendent de nous,

font nos opinions, d'où naiſſent nos inclinations & nos averſions, ſource de nos paſſions, de nos vices & de nos vertus.

Ceux qui ne dépendent pas de nous, ſont la ſanté, les richeſſes, la réputation, les talens, les dignités, les honneurs, la beauté, &c.

Voici les ſentimens des anciens Phi-loſophes ſur le *ſouverain bien.*

Epicure le faiſoit conſiſter dans le ſentiment du plaiſir, & le ſouverain mal dans le ſentiment de la douleur. Son ſyſtème a toujours été mal ex-pliqué, par tous ceux qui ſe ſont mêlés de parler de ſa doctrine. Il me ſemble, que pour bien l'entendre, & pour pouvoir l'expliquer, il falloit examiner la conduite d'Epicure, qui vivoit ſelon ſes principes. On auroit vû en ſuivant toutes ſes actions, qu'il ne bornoit pas ſes plaiſirs à ceux des ſens. Il en diſtinguoit de trois ſor-tes, les *plaiſirs du cœur,* les *plaiſirs de l'eſprit,* & les *plaiſirs des ſens,* &

il pofoit pour principe fondamental de fa doctrine, que tout plaifir, qui eft fuivi de peines, de regrets, de repentir, eft un plaifir faux ; & qu'enfin dans le choix des plaifirs, il falloit plûtôt confulter la raifon, qu'écouter le témoignage des fens, qui pouvoient nous tromper quelquefois, furtout dans le cas de la maladie. A l'égard de la douleur, il ne la regardoit comme le fouverain mal, que lorfqu'elle étoit fans efpérance ; encore prétendoit-il qu'on pouvoit l'adoucir par les fentimens du cœur, & les fatisfactions de l'efprit. C'eft ce qui arriva à ce Philofophe, qui foutint la mort avec une tranquillité & un courage, qui étonnerent l'ambitieufe fermeté des Stoïciens.

Les difciples de *Zenon* oppofés aux Epicuriens, le faifoient confifter dans la vertu, & nioient que la douleur fût un mal. Ils n'accordoient rien aux befoins de la nature, & ne faifoient pas affez attention, que nous fommes composés d'un corps, aussi bien que d'une ame. La vertu est sans doute nécessaire au bonheur ; elle nous procure une satisfaction constante, préférable à tout : mais elle ne suffit pas. Sans la santé & le goût des autres plaisirs, nous ne pouvons être parfaitement heureux.

Les *Péripatéticiens* plus raisonnables que les Stoïciens, concevoient qu'il falloit accorder quelque chose aux besoins du corps. Ils regardoient comme des biens réels, la santé, les richesses, la réputation ; & comme des maux réels, la maladie, la pauvreté, l'ignominie ; & en cela ils se trompoient : les richesses & la réputation ne sont que des biens d'opinion ; il n'y a que la santé de bien réel, & que la maladie de mal effectif.

Tant que nous respirons, l'opinion flateuse,
A charmer nos ennuis toûjours ingénieuse,
Dore par ses rayons les nuages charmans

Qui verſent ſur nos jours de trompeurs
agrémens.
Satisfait de ſes gouts, content de ſa
ſcience,
Chacun a pour ſoi-même un œil de
complaiſance.
Feuilletant nuit & jour des volumes
poudreux,
Dans un réduit obſcur le ſavant eſt
heureux ;
L'ignorant, affranchi d'un travail ſi péni-
ble,
Dans un lâche repos trouve un plaiſir
ſenſible.
Regardant l'avenir avec tranquillité,
Le riche de ſon bien fait ſa félicité.
Raſſûré par des ſoins que prend la Pro-
vidence,
Le pauvre vit content malgré ſon indi-
gence.
Voi l'aveugle danſer ; ſe plaint-il que
ſes yeux
Soient pour jamais fermés à la clarté des
Cieux ?
Voi le boiteux qui chante ; en eſt-il
moins tranquille,
Quoiqu'à former des pas ſon pié ſoit
moins agile ?
Dans les vapeurs du vin le mendiant eſt
Roi ;

Et le sot en tout tems vit satisfait de soi.
Le Chymiste, ébloüi de l'or qu'il voit en
   songe,
Prend pour réalité ce qui n'est qu'un
   mensonge.
Et même en déplorant son destin rigou-
   reux,
Dans le sein de sa Muse un Poëte est heu-
   reux.
Par tout où du bonheur on regrette l'ab-
   sence,
Ne voit-on pas voler la facile espérance ?
Du secourable orgueil les soins compatis-
   sans
Manquent-ils de remplir le vuide du bon
   sens ?
La subite lueur de la raison sévere,
Vient-elle dissiper un aimable chimere ;
Vient-elle nous priver d'un plaisir impos-
   teur :
Un autre au même instant renaît dans
   notre cœur.
Est-il destin si triste, état si misérable,
Que le secours du tems ne rende suppor-
   table ?
Regardez des humains le grand consola-
   teur,
L'orgueil, leur présenter son secours en-
   chanteur.
Voyez la passion convenable à chaque
   âge,

Pour régner fur nos cœurs nous attendre
　　au paffage.
L'efpérance eft conftante à marcher fur
　　nos pas,
Sans même nous quitter à l'heure du tré-
　　pas.
N'offre-t'elle à nos yeux qu'une confufe
　　image
Du bonheur que le Ciel nous deftine en
　　partage;
Cet objet confolant nous occupe toû-
　　jours,
Et répand des douceurs fur nos plus triftes
　　jours.
Notre ame en fes defirs inquiete, égarée,
Par les liens du corps triftement refferrée,
Dans un doux avenir fe repofe, s'étend,
Et joüit en effet du bonheur qu'elle at-
　　tend.
Dans les biens & les maux que le Ciel
　　nous difpenfe,.
Reconnoi fa bonté, fa jufte Providence.
Nos vices, nos défauts, l'orgueil, la vanité,
Tournent fouvent au bien de la fociété.
Cet amour naturel qu'on reffent pour
　　foi-même,
N'eft-il pas un préfent de la bonté fu-
　　prème?
Par les divers befoins que l'homme
　　éprouve en lui,
Il mefure, prévoit, foulage ceux d'au-
　　trui.

Adore donc le Ciel, fupporte ta foibleffe,
Et jufqu'en ta folie admire fa fageffe.

Pope.

BIENFAISANCE. BIENVEILLANCE.

La bienveillance eft le défir de faire du bien; la bienfaifance en eft l'accompliffement, ou plûtôt c'eft l'action même. Ce font deux vertus, qui naiffent de l'amour de l'humanité, & qui devroient être inféparables : mais par malheur, elles font fouvent défunies. Combien voit-on de perfonnes, qui penfent beaucoup faire, lorfqu'ils s'en tiennent à la bienveillance ! C'eft fans doute un fentiment, que tout homme doit être flaté d'infpirer : mais il coûte fi peu, qu'il n'eft pas bien méritoire. C'eft de la difficulté, que la vertu tire fon éclat; & c'eft par les efforts qu'elle fait, qu'elle mérite des récompenfes.

BIENSÉANCE.

La bienféance eft la convenance

des difcours, ou des actions, avec le rapport qu'ils ont aux perfonnes, à l'âge, au fexe, aux tems & aux lieux fuivant les ufages & les égards établis dans la fociété.

La bienféance n'eft que le mafque de la vertu; elle fait parade des fentimens qu'elle n'a pas, & cache avec foin fes défauts réels.

BISARRERIE.

La bifarrerie eft le goût des chofes fingulieres; elle eft la marque d'un efprit faux. Elle prend auffi quelquefois fa fource dans l'amour-propre, dans le défir de fe diftinguer à quelque prix que ce foit.

BONHEUR.

Le bonheur eft un état conftant de plaifirs; il confifte dans la fanté, la paix du cœur, & la tranquillité de l'efprit. La paix du cœur & la tranquillité de l'efprit, s'acquierent & fe confervent par l'exercice de la vertu;

la santé s'entretient par la tempérance. Ainsi le bonheur est en nous, &
dépend de nous en partie ; car quoique la santé n'en dépende pas absolument, il faut cependant convenir qu'elle en dépend à certains
égards : d'ailleurs, elle n'est pas essen-
tiellement nécessaire au bonheur ,
puisqu'on voit toûs les jours des gens,
qui font privés de ce bien , & qui
cependant font heureux ; mais beaucoup moins fans doute que ceux qui,
à la même quantité de bonheur,
réuniroient encore cet avantage , qui
rend la joüissance des autres biens
plus sensible.

Ce ne font pas les raisonnemens ,
dit Marc Aurele, *ce ne font pas les*
richesses, la gloire, ni les plaisirs qui
rendent l'homme heureux, ce font ses
actions. Pour les faire bonnes , il faut
connoître le bien & le mal ; il faut sa-
voir pourquoi l'homme est né, & quels
font ses devoirs ; ainsi, ajoûte-t'il, *le*
moyen de parvenir au bonheur, est un

bon

mon esprit. Que fais-tu donc ici, imagination? Va-t'en, au nom des Dieux,
je n'ai nul besoin de toi. Tu es venue
selon ton ancienne coûtume, je ne m'en
fâche point, va-t'en seulement, je t'en
conjure. Et dans un autre endroit, il
ajoûte: A quelque heure que la mort
vienne, elle me trouvera toûjours heureux. Etre heureux, c'est se faire une
bonne fortune à soi-même: & la bonne
fortune, ce sont les bonnes dispositions
de l'ame, les bons mouvemens, les
bonnes actions.

Le bonheur est donc inséparable
de la vertu: on peut à la vérité avoir
sans elle des plaisirs passagers, si la
dissipation, & des amusemens frivoles, qui traînent à leur suite l'ennui,
le dégoût & le repentir, méritent un
si beau nom. Au reste, la poursuite du
bonheur, dit le Spectateur Anglois,
est toûjours accompagnée de quelqu'inquiétude, dont un homme qui se borne
à des repas modérés, qui joüit de la
conversation de ses amis, & d'un som-

meil doux & paifible, ne s'embarraffe gueres. Pendant que les efprits fublimes parlent du bonheur & de la tranquillité, c'eft lui feul qui les poffede.

Le bonheur eft entre l'indifférence & la paffion.

BONNE FOI.

La bonne foi eft une fidélité fans défiance & fans artifice.

BON SENS.

Le bon fens eft la maniere d'envifager les chofes, par le rapport qu'elles ont à notre utilité. Cette qualité demande la jufteffe dans l'efprit, & une certaine modération dans l'ame, qui annonce ordinairement la médiocrité de l'efprit & des talens; on fait affez peu de cas du bon fens, parce qu'il n'eft utile qu'à celui qui le poffede, & que les hommes préferent des défauts brillans, dont ils tirent avantage, à des qualités folides, qui ne leur font d'aucune utilité.

BON.

Le bon n'est autre chose que l'utile. On dit des mœurs qu'elles sont bonnes, quand elles tendent au bien public ; on en dit autant des choses, lorsqu'elles sont commodes & utiles.

Le bon renferme de plus une idée de perfection.

BONTÉ.

La bonté du cœur est une disposition qui nous porte à faire du bien, & à en rechercher l'occasion ; elle differe de la bienveillance, en ce qu'elle est d'une signification plus générale, & que la bienveillance a un objet particulier : l'une est la cause, & l'autre l'effet.

BRAVOURE.

La bravoure est une fermeté d'ame, qui s'expose au danger par honneur, ou par devoir, plûtôt que par cette ardeur impatiente, qu'on nomme courage. Elle differe de ce dernier, en ce que l'une eſt le fruit de la ré-flexion, & l'autre l'effet du tempérament : on devient brave, on naît courageux.

La bravoure eſt plus éclairée que le courage. Le courage plus impé-tueux, réſiſte plus long - tems aux obſtacles & aux périls.

BRUTALITÉ.

La brutalité eſt une ardeur aveu-gle & impétueuſe, qui trouble le jugement & rend l'homme ſemblable aux bêtes féroces. C'eſt un vice du tempérament, qui vient de la quantité & de la mauvaiſe qualité des humeurs. Elle renferme l'idée de la force, jointe à la méchanceté. L'homme brutal n'agit que par un premier mouvement, & jamais par réflexion.

Cette malheureuſe diſpoſition ſe corrige un peu par l'éducation, & l'habitude de raiſonner, qui affoiblit infenfiblement les paffions contraires au bonheur.

BUT.

Le but eft le terme, où nous voulons arriver.

De la façon dont les hommes fe conduifent la plûpart du tems, on croiroit que tout leur eft indifférent. Guidés par le caprice, ou par l'humeur, ils agiffent fans but & fans deffein : on peut les comparer à des voyageurs égarés, qui vont toûjours fans favoir où ils arriveront. Ils errent çà & là ; & après bien des courfes, ils fe retrouvent au point d'où ils étoient partis. Mais le fage ne fait pas un pas, qui puiffe le détourner du but qu'il s'eft propofé, & fans avoir auparavant examiné les moyens qui peuvent l'y conduire.

L'honnête homme doit avoir pour but dans le commerce de la vie, de fe faire aimer & eftimer : on fe fait aimer par les qualités aimables ; on fe fait eſtimer par le mérite réel, & les procédés eſſentiels.

C

CANDEUR.

La candeur eſt une diſpoſition à la franchiſe. Elle naît de l'amour de la vérité, & ſe peint dans les diſcours, dans le ſilence même, dans les actions, ſur le front, dans les yeux, dans le ton de voix : & enfin, juſques dans les geſtes qui échappent.

Cette diſpoſition, qui rend la jeuneſſe ſi ſéduiſante, s'efface par le commerce du monde, qui rend quelquefois la diſſimulation néceſſaire.

CAPRICES. *Voyez* Inégalité.

CARACTERE.

Le caractere eſt la marque qui diſtingue les hommes les uns des autres. Il eſt compoſé du mélange des qualités du cœur, de l'eſprit, & de l'humeur dominante qui conſtitue le tempérament.

Ces trois choſes ſont ſuſceptibles d'une infinité de combinaiſons ; ce qui fait que les caracteres ſont auſſi différens que les phyſionomies, qui ne ſont que l'aſſemblage de certains traits.

CERTITUDE.

On admet en Philoſophie trois ſortes de certitude ; ſavoir, la certitude phyſique, la certitude métaphyſique, & la certitude morale.

La certitude métaphyſique eſt un ferme conſentement que l'eſprit donne à une propoſition, qui ne peut être autrement qu'on la conçoit.

La certitude phyſique eſt un ferme conſentement que l'eſprit donne à une propoſition, qui peut n'être pas telle qu'on la conçoit, mais qui cependant paroît évidente.

La certitude morale eſt un ferme conſentement, que l'eſprit donne à une propofition, de laquelle on ne peut pas douter felon les mœurs, quoiqu'elle puiffe être autrement qu'on la conçoit : par exemple, on doit croire ce qui eft affûré par plu-fieurs perfonnes.

Toutes ces efpeces de certitude ont différens dégrés de force fur l'efprit. La certitude phyfique eft plus forte que la certitude morale, & la certitude morale l'eft plus que la certitude métaphyfique. Je fuis plus affûré de l'exiftence d'une chofe que je vois, que de celle que plufieurs perfonnes me racontent, je crois plus ferme-ment que j'ai un corps qu'une ame, &c.

CHAGRIN.

Le chagrin eft l'effet de la trifteffe. *Voyez* Trifteffe.

CHASTETÉ.

La chafteté eft une vertu morale, qui confifte à ne rien dire, & à ne rien faire, qui puisse blesser la pudeur & la fidélité conjugale.

CIRCONSPECTION.

La circonspection est une retenue, que nous apportons dans le jugement que nous portons des actions des hommes. Pour en bien juger, il faudroit en connoître le motif ; & c'est ce dont nous ne pouvons jamais nous flater : c'est pourquoi nous ne pouvons être trop circonspects, lorsqu'il s'agit de loüer, ou de blâmer quelqu'un sur de simples apparences. La circonspection a une signification plus étendue. *Voyez* DEVOIRS.

CLÉMENCE.

La clémence qui porte à l'oubli des offenses, & au pardon des crimes, est la vertu des Rois. Elle prend sa source dans l'amour de l'humanité.

C'est la plus brillante des vertus, & celle qui rend l'homme le plus semblable à la divinité : heureuses les

Puissances de la Terre, qui la chérissent & qui la pratiquent !

Une clémence aveugle & sans bornes, est aussi dangereuse dans un état, qu'une trop grande sévérité : si elle fait l'éloge du cœur, elle fait en même-tems la censure de l'esprit.

CLERGÉ.

Le Clergé est le premier ordre d'un Etat. Comme Ministres & dépositaires de la Religion, les Ecclésiastiques méritent le respect du Peuple, & les égards des Souverains ; comme sujets, ils doivent contribuer aux besoins de l'Etat, qui leur procure, comme aux autres Citoyens, la tranquillité & la sûreté.

CLIMAT.

Le climat est l'étendue renfermée entre deux cercles paralelles à l'équateur. Il sert à marquer la différence des saisons & de la température de l'air.

Il eſt étonnant combien le climat influe ſur les mœurs : c'eſt une des premieres cauſes de la diverſité prodigieuſe, que nous remarquons dans les Nations.

Cœur.

Le cœur eſt l'ame conſidérée par ſa faculté de ſentir.

L'empire du cœur s'étend ſur l'honneur ou l'amour d'une bonne réputation, ſur la fortune ou les beſoins & les commodités de la vie, ſur les objets de la charité, qui renferment la compaſſion, la bienveillance, & la bienfaiſance, ſur les droits de la parenté, ſur ceux de l'amitié, qui nous fait partager la peine ou le plaiſir d'un ami, & enfin ſur tous nos devoirs. *Voyez* Devoirs.

Les qualités du cœur ſont infiniment préférables à celles de l'eſprit. L'eſprit frappe, étonne, éblouit & fatigue à la fin ſes propres admirateurs : mais le cœur attache, touche, intéreſſe par le charme du ſentiment,

& nous concilie l'eſtime & l'amitié des hommes. *Voyez* Qualités.

COLERE.

La colere eſt un vif ſentiment de haine, auquel ſe joint un déſir de vengeance : c'eſt une paſſion qui naît ſouvent du tempérament, & toûjours de l'amour-propre offenſé.

Elle n'éclate pas toûjours par l'emportement & les menaces; elle demeure quelquefois renfermée, & n'en eſt alors que plus dangereuſe.

Eſt-on Héros pour avoir mis aux chaînes
Un peuple ou deux? Tibere eut cet honneur.
Eſt-on Héros en ſignalant ſes haînes
Par la vengeançe? Octave eut ce bonheur.
Eſt-on Héros en régnant par la peur?
Séjan fit tout trembler, juſqu'à ſon Maître.
Mais de ſon ire éteindre le ſalpêtre,
Savoir ſe vaincre & réprimer les flots
De ſon orgueil, c'eſt ce que j'appelle être
Grand par ſoi-même; & voilà mon Héros.

Rouſſeau.

COMMERCE.

Le commerce eſt l'échange de certains effets avec d'autres, ſoit en argent, ou en marchandiſes.

Le commerce, après l'agriculture,
eſt l'objet qui mérite le plus l'attention du miniſtere. C'eſt un moyen
ſûr de procurer l'abondance, & de
rendre un état redoutable à ſes voiſins, par le ſecours qu'il lui fournit.
Cependant il faut prendre garde,
que l'eſprit de commerce ne détruiſe
pas l'eſprit militaire, qui en eſt le plus
ferme ſoûtien, & n'introduiſe pas
un trop grand luxe : car on a beau
dire, que le luxe enrichit un grand
état ; inſenſiblement auſſi il corrompt
les mœurs, & entraîne avec elles la
ruine totale des Citoyens. Le luxe
amollit le courage, réveille l'ambition, excite aux plus grands crimes,
& produit tous les jous plus de maux,
qu'il ne fera jamais de bien.

COMMISERATION.

La commifération eft un attendriffement de l'ame à la vûe des befoins & des maux qu'éprouvent les miférables ; elle differe de la compaffion, en ce qu'elle s'étend aux peines du corps, & la compaffion aux afflictions de l'efprit.

COMPASSION. *Voyez* Commifération.

COMPLAISANCE.

La complaifance eft une condefcendance à la volonté des autres. Souvent c'eft le défir de plaire qui nous la donne ; quelquefois c'eft l'effet de la douceur & d'un heureux tempérament ; la complaifance vient auffi de la foibleffe d'efprit, & annonce un homme incapable de penfer par lui-même, & qui reçoit avidement toutes les impreffions qu'on lui donne : ces fortes de caracteres font infipides dans le commerce de la fociété.

COMPLEXION. *Voyez* Conformation.

CONCEPTION.

La conception eſt un acte de l'intelligence, qui apperçoit & diſtingue les choſes qu'on lui préſente. *Voyez* Intelligence.

CONCUPISCENCE.

La concupiſcence eſt le déſir de la chair. Elle vient ſouvent du déréglement de l'imagination, plûtôt que du tempérament. Cette paſſion abſorbe l'ame, & la rend incapable de connoître la vérité ; elle a été ſouvent la ſource des plus grands crimes. Mais auſſi c'eſt elle qui conſerve la ſociété, & qui répare les ravages de la mort ; tant il eſt vrai de dire, qu'il n'y a point de vices, qui ne produiſent quelque bien à la ſociété ; ils ne font tort qu'à ceux qui les ont.

La concupiſcence par elle-même, n'eſt ni vice, ni vertu : mais, ſelon ſon objet, elle produit l'un ou l'autre.

CONDUITE.

La conduite eſt la maniere d'agir. La bonne conduite eſt la maniere de régler ſes actions ſur la fin pour laquelle l'homme eſt né. C'eſt le jugement qui la donne : ainſi il eſt très-utile de s'accoûtumer de bonne heure à le former, & de ſe faire des principes, qui puiſſent nous ſervir de guides ; car la choſe la plus importante à l'homme eſt une bonne conduite : c'eſt ſur ſes actions qu'on le juge. L'eſprit, les talens, le génie, la beauté, n'ont pas des charmes aſſez puiſſans pour effacer les impreſſions déſavantageuſes, que laiſſe une mauvaiſe conduite. J'en pourrois citer des exemples frappans ; mais chacun en a ſous ſes yeux.

CONFORMATION.

Conformation. Complexion. Constitution. Organisation.

Tempérament.

Tous ces termes font faits pour établir la différence qu'on remarque parmi les hommes, avec cette modification : la conformation a du rapport à l'arrangement extérieur des parties ; la complexion à l'accord qui en réfulte ; la conftitution à la difpofition originelle & fondamentale qui forme la nature ; l'organifation aux opérations de l'efprit, qui dépendent de la nature & de l'arrangement des organes : à l'égard du tempérament, c'eft l'effet de la conftitution. *Voyez* Tempérament. La conformation eft auffi relative à la beauté, ou à la laideur ; la complexion eft un terme de Medecine ; la conftitution eft d'un ufage plus général ; & l'organifation ne s'employe que lorfqu'il eft queftion de Phyfique.

E

CONTEMPLATION.

La contemplation eſt l'examen des objets ſenſibles, & des idées abſtraites & compoſées.

La contemplation, qui a pour objet la connoiſſance de l'homme, & des choſes utiles à la ſociété, nous conduit à la vertu. Celle qui recherche les cauſes premieres des effets de la nature, & qui n'a pour but que la ſatisfaction d'une vaine curioſité, eſt plus condamnable, que digne d'éloges. L'homme doit ſe ſouvenir, qu'il eſt né pour l'action, que les contemplations trop longues & trop fréquentes l'en détournent ; & qu'enfin il en eſt puni par une certaine humeur ſombre & noire, qu'on contracte dans une étude trop opiniâtre, & qui nous donne de l'éloignement pour la ſociété. Tel eſt le ſort qu'entraîne l'abus des meilleures choſes : la peine ſuit toûjours la faute.

Le Tout-puiſſant créa les ſages

Pour profiter de ſes Ouvrages,
Et non pour les examiner.

Rouſſeau.

CONFIANCE.

La confiance eſt une certaine aſſûrance dans ce que l'on dit, & ce que
l'on fait : elle ſuppoſe beaucoup de
connoiſſances; cependant on voit communément, que les gens les plus con-
fians, ſont ceux qui ont le moins de
lumieres : c'eſt qu'ils ſont comme les
enfans, qui ne connoiſſent pas le
danger. La confiance eſt néceſſaire
dans le commerce de la ſociété ; elle
chaſſe la timidité, & fait paroître
l'homme avec tous ſes avantages. Si
elle eſt pouſſée trop loin, elle devient
ſuffiſance, préſomption. La confiance
en la miſéricorde de Dieu, eſt une vertu chrétienne ; la confiance dans nos
bonnes œuvres, eſt un vice de l'orgueil.

La confiance que nous avons dans
les perſonnes que nous eſtimons, eſt
le plus doux charme de l'amitié : mais

elle a ſes périls ; & avant de s'y livrer , il faut bien connoître ſi ceux
qui nous l'inſpirent en ſont dignes.

CONNOISSANCE.

La connoiſſance d'un art, eſt la
collection d'une certaine quantité de
principes, qui n'ont pas aſſez de certitude, pour mériter le nom de *ſcience*.

On ſe ſert auſſi quelquefois du
terme de *connoiſſance*, pour celui de
notion, & dans cette acception, on
peut dire : Combien de gens voit-on
tous les jours, qui, pour avoir de
légeres connoiſſances ſur beaucoup de
choſes, croyent poſſéder la ſcience
univerſelle !

La connoiſſance de l'homme s'acquiert par la phyſique.

CONQUESTES.

L'eſprit de conquêtes eſt un déſir
violent de la gloire, qui entraîne infailliblement la ruine d'un état. Tandis qu'un Prince eſt occupé au-de-

hors, les Loix font fans vigueur; les crimes, les mauvaifes actions ne font pas punis; l'Etat s'épuife d'argent & d'hommes.

Les conquêtes font toûjours plus faciles à faire qu'à conferver, & coûtent plus qu'elles ne rapportent, à moins qu'on ne veuille compter pour rien le fang qu'elles font répandre : mais ces maximes ne font que pour les tyrans, pour ces monftres de l'humanité, qui, du throne de l'orgueil, daignent à peine laiffer tomber un regard fur des fujets qu'ils regardent comme de vils inftrumens propres à fatisfaire leurs paffions effrénées.

> Quel eft donc le Héros folide
> Dont la gloire ne foit qu'à lui ?
> C'eft un Roi que l'équité guide,
> Et dont les vertus font l'appui.
> Qui, prenant Titus pous modele,
> Du bonheur d'un Peuple fidele
> Fait le plus cher de fes fouhaits ;
> Qui fuit la baffe flaterie ;
> Et qui, Pere de la Patrie,
> Compte fes jours par fes bienfaits.

L'effort d'une vertu commune
Suffit pour faire un conquérant ;
Celui qui dompte la Fortune
Mérite seul le nom de Grand ;
Il perd sa volage assistance,
Sans rien perdre de la constance
Dont il vit ses honneurs accrus ;
Et sa grande ame ne s'altere
Ni des triomphes de Tibere,
Ni des disgraces de Varus.

La joie imprudente & légere
Chez lui ne trouve point d'accès ;
Et sa crainte active modere
L'ivresse des heureux succès.
Si la Fortune le traverse,
Sa constante vertu s'exerce
Dans ces obstacles passagers.
Le bonheur peut avoir son terme ;
Mais la sagesse est toûjours ferme,
Et les Destins toûjours légers.

Rousseau.

CONSCIENCE,

La conscience est le jugement que nous portons de nos sentimens & de nos propres actions, suivant le rapport qu'elles ont avec la morale. C'est la connoissance de l'homme & de ses

devoirs, qui forme la bonne conſcience.

Les fautes les plus condamnables,
ſont celles que l'on commet contre ſa
conſcience.

L'honnête-homme ne doit s'en rapporter
qu'à lui ;
Il ſe juge lui-même, & jamais par autrui :
Si-tôt qu'il ſe condamne, on ne ſauroit
l'abſoudre.

La Chauſſée.

CONSEIL.

Si l'homme pouvoit tout ſavoir &
tout connoître, il n'auroit pas beſoin
de conſeil : mais parce que ſouvent l'a-
mour-propre l'aveugle ſur ſes véritables intérêts, il eſt obligé d'avoir
recours aux perſonnes, qui ſont plus
inſtruites que lui. Le conſeil d'un ami
prudent & éclairé, eſt un des plus
grands biens de la vie.

Si les conſeils ſont utiles aux particuliers, ils deviennent bien plus néceſſaires pour ceux, que la divinité

E iv

a commis au bonheur & à la conduite des hommes.

Pour former un bon Conseil d'Etat, il faudroit qu'il fût composé de Citoyens vertueux, expérimentés, exempts de préjugés & de passions, & animés de l'amour du bien public. Quand en trouvera-t'on de semblable? lorsque les hommes deviendront des intelligences célestes, quand ils pourront réunir aux préceptes de la raison, les sages maximes de la Religion.

CONSENTEMENT.

Le consentement est l'effet de la croyance. *Voyez ce mot.* Il se mesure au dégré de probabilité, ou d'évidence.

CONSÉQUENCE.

La conséquence d'un raisonnement, est ce qui suit naturellement de la comparaison que l'on fait des choses, & du rapport qu'elles ont entre elles.

CONSTANCE.

La constance est une fermeté d'ame, supérieure aux obstacles, & aux revers. *Voyez* Persévérance.

CONSTERNATION.

La consternation est une tristesse subite, un abattement soudain que l'ame éprouve à la vûe d'un accident fâcheux & inattendu. La consternation naît de la surprise.

CONSTITUTION. *Voyez* Conformation.

CONTENTEMENT. SATISFACTION.

Le contentement est un état de tranquillité que l'ame éprouve, lorsqu'elle ne désire plus, & qu'elle a obtenu ce qu'elle désiroit. La satisfaction est un sentiment de plaisir, que procure la joüissance. Le contentement appartient à l'ame, la satisfaction aux sens. L'une est passagere,

& l'autre plus conſtant : la ſatisfaction a ce qu'elle déſiroit, le contentement ne déſire plus rien.

Le contentement de l'eſprit eſt le thréſor du ſage : c'eſt le témoignage intérieur d'une bonne conſcience qui le procure. Il naît de la modération de nos déſirs, & de l'accompliſſement de nos devoirs.

CONTINENCE.

La continence eſt une modération dans l'uſage des plaiſirs. C'eſt une vertu morale, qui ne donne aux beſoins de la nature, préciſément que ce qu'il leur faut pour les ſatisfaire.

Ce mot s'entend auſſi ſouvent de la privation volontaire des plaiſirs, & pour lors c'eſt une vertu chrétienne.

CONTRADICTION,

La contradiction eſt une oppoſition aux ſentimens des autres. L'eſprit de contradiction eſt le défaut le plus infupportable dans le commerce de la fociété. Il vient de l'humeur, & marque ordinairement une éducation négligée.

CONVERSATION.

La converfation eft la communication de nos penfées, & de nos fentimens. C'eft le charme le plus puiffant, pour adoucir nos chagrins & nos ennuis, lorfqu'elle eft fondée fur une confiance réciproque : mais c'eft l'écueil le plus dangereux pour l'innocence, quand elle eft infpirée par la malignité, la médifance & l'obfcénité.

L'efprit de converfation confifte principalement dans l'attention, la douceur, l'enjouement & la vivacité.

CONVICTION.

La conviction eft la connoiffance certaine de la vérité, connoiffance fondée fur l'évidence & le raifonnement. *Voyez* Perfuafion.

COQUETTERIE.

La coquetterie est un art de plaire, qui nous prévient par des attentions recherchées, par des discours obligeans & flateurs, & par l'étalage de tout ce qu'elle possede d'avantages. Elle a ordinairement un mauvais but. La vertu simple & sans fard fuit tout ce qui sent l'art & le manége ; elle plaît par un mérite solide : mais la frivolité & le mérite superficiel ont recours à la coquetterie, qui sert souvent à cacher des défauts insupportables.

CORPS.

Le corps est cette substance étendue, qui compose la seconde partie de nous-même. Si nous n'étions que des substances spirituelles, nous pourrions ne nous occuper, que de ce qui regarde l'esprit : mais les besoins de la nature nous font continuellement sentir la nécessité de prendre soin de nos corps.

Le corps eſt l'agent de l'ame : ainſi nous devons l'entretenir comme un ſerviteur fidele ; mais auſſi nous devons le tenir toûjours dans la dépendance, & prendre garde qu'il ne ſecoue le joug de la ſervitude, & n'uſurpe l'empire : c'eſt ce qui arrive, lorſque nous nous livrons aux paſſions violentes ; car encore une fois, nous pouvons réſiſter à leurs efforts. Il eſt plus facile de leur refuſer l'entrée du cœur, que de s'oppoſer à leurs effets, & d'arrêter leur progrès.

COURAGE.

Le courage eſt une ardeur impatiente d'attaquer ; il ne craint, ni le péril, ni les difficultés. *Voyez* Bravoure, Valeur, Intrépidité.

COURROUX.

Le courroux eſt moins l'effet de la colere, que d'un amour-propre offenſé, & qui demande ſatisfaction : il éclate avec hauteur, contre ceux qui nous doivent, & qui nous manquent; & respire hautement la vengeance. La colere s'éteint quelquefois d'elle-même : mais le courroux ne s'appaise que par la soumission.

COURTISANS.

Les courtisans sont tous ceux qui sont attachés à la cour par leurs emplois. On entend aussi par ce terme, un homme qui fait sa cour pour faire sa fortune, & en ce sens on le prend en mauvaise part. C'est par un mérite réel, & par des actions utiles à la société, que l'homme doit chercher son avancement, & non par les flateries & les bassesses, qui deshonorent tant de lâches courtisans de la fortune.

COUTUME.

La coûtume est une maniere d'agir constante & uniforme ; c'est l'habitude de faire les mêmes choses, c'eſt la répétition des mêmes actions, qui fait la coûtume.

La coûtume a tant de force, qu'elle change ſouvent la nature, qui lui eſt le plus oppoſée. L'exemple de Socrate en eſt une preuve : il étoit né violent, emporté ; il devint, par le pouvoir de la raiſon, le plus doux & le plus modéré de tous les hommes, & acquit par l'habitude cette précieuſe modération, qui eſt le thréſor du ſage.

CRAINTE.

La crainte eſt le ſentiment d'un mal, qui peut nous arriver, & que nous reſſentons comme préſent. La crainte ne doit nous ſervir qu'à détourner le mal qui nous menace, ou à nous préparer à le ſouffrir patiemment, ſi l'on ne peut l'éviter.

La crainte eſt un motif, qui détermine bien des actions.

Que ne peut la frayeur ſur le cœur des mortels !

Racine.

La crainte eſt bien plûtôt l'effet du tempérament, que celui de la réflexion : le mélancolique eſt d'un naturel craintif & ſoupçonneux.

Crainte. Voici le portrait de la crainte par le Pere *Brumoy*.

Véritablement la prudence ſi précautionnée & ſi vigilante, tire, dit-on, ſon origine de la crainte. Mais quelle malheureuſe vertu (ſi c'en eſt une) que celle de chercher à connoître un avenir qu'on ne ſauroit éviter, ou qui peut-être ne viendra jamais ! Quelle que ſoit la crainte, connoiſſons pourtant ſes traits & ſon air. Dès que ſon nuage enveloppe un eſprit abattu, ſemblable à un liévre timide qu'une feuille effraie, & qui prête l'oreille au moindre vent, il ſe recueille en lui-même ; il écoute tous les bruits, & ſe nourrit de préſages ſiniſtres. Si l'on heurte, un froid ſubit fait trembler tous ſes membres ; le ſang ſe retire autour du cœur, qui palpite : il reſpire à peine : il garde un profond ſilence, ou ne laiſſe échapper que de foibles cris. Telle eſt l'attitude d'un homme frappé de l'éclair, ou du vent du Tonnere. Ses genoux vacillent : le tremblement redouble, pareil à celui des moiſſons agitées. Si le feu du Ciel éclate encore, la ſueur

çoule

coule de toutes parts, fueur glacée, effet
de l'étonnement. Le froid pénetre jufqu'aux
os. Le vifage fe blanchit d'une mortelle
pâleur: Les piés fe refufent à la fuite. La
bouche demeure béante. Ce n'eft plus un
homme; c'eft une ftatue que la frayeur a
pétrifiée plus promtement que n'eût fait la
tête de Medufe.

CRIMES.

Les crimes font des actions contraires aux lois divines & humaines, ils font l'effet du vice.

Il y a des crimes involontaires, tels
que ceux que le hafard produit : on ne
peut pas les regarder comme tels ; c'eft
le confentement qu'on donne à une
mauvaife action, qui fait le crime.

L'habitude du crime en diminue
l'horreur.

Dans le crime une fois il fuffit qu'on
      débute;
Une chûte toûjours attire une autre
      chûte.
L'honneur eft comme une île efcarpée
      & fans bords :

F

On n'y peut plus rentrer dès qu'on en est
dehors.

Boileau.

CROYANCE.

La croyance est l'adoption que
l'esprit fait d'un principe, dont l'évidence lui est connue.

CRUAUTÉ.

La cruauté est une soif du sang
humain. C'est une espece de maladie,
qui vient du tempérament mélancolique. L'homme cruel est un malheureux accablé du poids de son existence, qui hait tout ce qui l'environne, & qui voudroit avoir des compagnons d'infortune. Cette façon
d'être, produit dans l'ame une fureur,
qui est l'effet de la force jointe à
l'inquiétude.

La cruauté est aussi quelquefois
l'effet de la *colere*, & pour lors on
l'appelle *vengeance.*

CUPIDITÉ.

La cupidité est un désir immodéré; elle s'étend sur la gloire, les plaisirs, les richesses, & généralement sur tout ce qui fait l'objet de nos désirs.

CURIOSITÉ

La curiosité est le désir d'apprendre. Il naît de la vivacité, de l'imagination, & de la promptitude des opérations de l'entendement qui cherche le rapport des choses qui l'affectent.

Cette disposition, qui annonce de l'esprit, est la source de la plus grande partie de nos connoissances, & de nos égaremens, lorsqu'elle n'a pour objet que la recherche des plaisirs.

La curiosité, qui nous porte à découvrir les secrets des autres, vient de la malignité & du désir de leur nuire.

Un secret qu'on surprend, est un larcin qu'on fait.

De Boilly.

F ij

D.

Débauche.

La débauche est l'excès & l'abus des plaisirs. Le dégoût, le repentir, les inquiétudes de l'esprit, les maladies du corps, en sont le fruit.

La débauche est autant un vice de l'esprit, que du tempérament.

Décence.

La décence est la maniere de régler ses discours, ses actions, son maintien suivant les lois de l'honnêteté, qui ne sont pas les mêmes chez tous les Peuples, ni dans tous les tems, ni pour les deux sexes : ainsi la décence change avec les mœurs, & la façon de penser. Ce que l'on appelle décence aujourd'hui, consiste dans un extérieur modeste, & un peu de retenue dans les discours ; encore cette derniere qualité n'est-elle plus gueres à la mode. Un homme passe

pour décent, quand il n'eſt pas tout-
à-fait effronté ; & une femme, quand
elle n'a qu'un amant en tête, &
qu'elle ne laiſſe point échapper ce
que l'on appelle *de gros mots* : cependant malgré le diſcrédit où cette
vertu eſt tombée, il eſt encore des
gens qui la chériſſent & qui la pratiquent.

DÉDAIN.

Le dédain eſt un ſentiment de mépris mêlé de hauteur. Ce ſentiment
vient de la comparaiſon qu'on fait
de ſes avantages, avec les vices & les
défauts des autres.

DÉFIANCE. MÉFIANCE.

La défiance eſt la crainte d'être
trompé par les gens qu'on ne connoît pas ; la méfiance eſt la crainte
d'être trompé par les gens qu'on
ſoupçonne de mauvaiſe foi & de
duplicité.

La défiance eſt l'effet d'une pru-

dence éclairée par l'expérience &
la connoissance des hommes ; la méfiance est l'effet du tempérament mélancolique, naturellement craintif &
soupçonneux.

Il est vrai que la défiance n'a pas
bonne opinion des gens, dont elle
se défie ; mais elle s'en tient là.

La méfiance va plus loin, & a toûjours mauvaise opinion de ceux dont
elle se méfie : enfin l'un n'est défiant,
que parce qu'il ne connoît pas ceux
à qui il a affaire, & l'autre, parce
qu'il en pense mal.

Le sage doit se défier de ses jugemens, & des faveurs de la fortune : mais
il doit apporter dans le commerce de
la société, une confiance éclairée.

DÉFINITION.

La définition est l'explication d'une
chose par sa nature & ses effets : elle
est d'une nécessité indispensable dans
la dispute, afin d'établir l'état de la
question.

Les hommes font affez d'accord fur le fond des chofes : ils ne difputent bien fouvent que fur les termes, qui, bien éclaircis, font ceffer toute conteftation ; à moins que l'entêtement, la ftupidité, ou l'efprit de parti, ne fe mêlent de la difpute.

La définition eft auffi néceffaire dans la recherche de la vérité ; cependant combien voyons-nous tous les jours de perfonnes qui parlent des paffions, des vices, des vertus, qui écrivent même fur ces matieres, & qui feroient fort embarraffées d'en donner une fimple définition ! Cependant, comment raifonner des chofes, quand on n'en connoît, ni la nature, ni la caufe, ni les effets ? Auffi voyons-nous bien des gens qui décident, mais fort peu qui raifonnent.

DÉISME.

Le déifme eft une croyance, qui n'admet point de culte. Ce fyftème eft d'autant plus dangereux, qu'il s'accommode merveilleusement à notre paresse, & qu'il n'est pas absolument contraire à la raison.

L'homme confiant en ses lumieres, le prétendu Philosophe fait gloire d'être déiste ; le sage, l'honnête homme abandonne tout vain raisonnement, & se livre aux mouvemens de son cœur, qui le portent à rendre à la divinité le tribut d'adoration & de reconnoissance que nous lui devons.

DÉLICATESSE.

On distingue deux sortes de délicatesse, la délicatesse des sentimens, & celle de l'esprit.

La délicatesse des sentimens est une disposition de l'ame qui se porte, naturellement & sans effort, à tout ce qui est beau, bon & honnête, qui s'y complaît, & qui chérit même cette qualité dans les autres.

La délicatesse de l'esprit est une

ſagacité qui démêle à travers le voile de l'allégorie le ſens caché des expreſſions ; & qui repréſente ſous des images agréables, & des comparaiſons riantes, des choſes qui bleſſeroient la pudeur & la bienſéance, offertes ſous les couleurs qui leur ſont propres.

La délicateſſe laiſſe beaucoup à deviner ; c'eſt pourquoi les choſes délicates, ne ſont qu'obſcures pour de certaines perſonnes. Il faut preſqu'autant de délicateſſe au lecteur, pour entendre des penſées délicates, qu'il en a fallu à l'auteur pour les produire.

DÉMOCRATIE.

La démocratie eſt une eſpece de gouvernement, dans lequel la puiſſance légiſlative s'exerce par le peuple aſſemblé : il y en a peu, qui ne ſoit mêlé d'ariſtocratie. Rome après ſes premiers Rois, changea ſon gouvernement monarchique en démocratie : mais bientôt la supériorité du génie & des talens, en fit un état aristocratique, qui sous les Empereurs devint un despotisme.

DÉGOUST.

Le dégoût est un sentiment d'aversion, qui provient de la satiété ou de la fausse idée d'un bien, qu'on s'est exagéré. L'homme toûjours occupé du soin de se rendre heureux, poursuit avec ardeur tout ce qui a l'apparence du bien ; la joüissance le détrompe, ou l'excès en corrompt la douceur : & delà naissent les dégoûts.

Le Philosophe, qui connoît le prix de chaque chose, l'homme modéré qui sait en joüir, ne connoissent pas les dégoûts.

DÉSESPOIR.

Le désespoir est un vif sentiment de douleur, qui nous saisit à la vûe d'un évenement fâcheux, d'une perte considérable, ou d'un bien que nous

pouvions obtenir : il naît de la furprife , & nous ferme les yeux fur les
reffources qui nous reftent.

Il fe manifefte différemment fuivant
les différens caracteres : il eft accablement dans l'homme lent , il devient fureur dans l'homme vif.

Le défefpoir eft une marque de
foibleffe. L'homme doit s'attendre à
tout , fupporter patiemment les maux
qui lui arrivent , & qu'il ne peut éviter , & chercher les moyens de s'en
délivrer : il n'en eft point d'irrépa-
rables.

Défefpoir. Voici de quelle façon le Pere
Brumoi peint le défefpoir.

L'hôte le plus terrible des cœurs , après les
furies , c'eft le défefpoir. Il traîne une robe
affreufement déchirée. Tout fon air infpire
l'horreur , & fon filence plus que le refte.
Dans la revûe des paffions mêlées , nous
avons mis l'efpérance à la tête. Finiffons par
fon cruel antagonifte , qui ferme la marche
de l'un & de l'autre bataillon. Regardez fes
yeux étincelans, fes joues tremblantes , & fa
rage tranquille ; car c'eft dans le cœur qu'il
renferme le poifon qui le ronge , l'aiguillon

qui le déchire, & la plaie irrémédiable qui ne peut souffrir désormais les rayons du Soleil. Considérez le progrès du mal dans un malheureux, soit accablé de remors, soit blessé en passant par un jeu cruel de la fortune, qui le réduit à la ressource insensée du désespoir. Quel courroux! quels cris contre le Ciel & la Terre! Mais ce prélude dure peu. Le misérable boit à long traits le venin qui coule de veine en veine. Il en est tout pénétré. Plus de courroux, plus de cris. Il reprend l'apparence de sa premiere tranquillité. L'ombre d'une paix simulée voile son front, tandis que le tourbillon de la tempête tournoie autour de l'ame, & porte dans son sein, la nuit, l'horreur & la mort. C'est alors que l'ame engloutie dans l'abysme prend son parti. Le furieux se dérobe au jour; & sans balancer sur le trépas, il ne s'en réserve que le choix. Le nœud fatal, le fer, le poison, le précipice, le sein d'un fleuve, tout se retrace tour à tour à son esprit. Prêt d'exécuter son projet, il frémit à la vûe du genre de mort qu'il a préféré. Il entend les derniers soûpirs de la nature, qui lutte de tout son pouvoir. L'amour de la vie se réveille. Mais la rage, comme un embrasement violent, renaît de ses cendres, reprend tous ses droits, & porte le dernier coup à la nature, qui murmure en expirant. La victime tombe à l'instant, dévoüée aux Dieux de l'Erebe, foit par le précipice, foit par le fer qui tranche fa tramé avant le tems, foit par de funeftes nœuds.

Ne penfez pas toutefois, que le germe de cette horrible paffion, ait été femé dans nos cœurs, pour donner lieu à un coupable défefpéré, ou à un malheureux amant de finir des jours remplis d'amertume. Non, les horreurs des fentiers qui conduifent au trépas, répugnent trop à la nature pour le penfer. Le fouverain arbitre de nos vies, défend d'en brifer les chaînes par nos mains. Il a marqué le moment de leur diffolution naturelle, dans fon livre des deftins. C'eft donc, non pour avancer le trépas auqnel il nous condamna, mais pour l'éviter, du moins pour le reculer jufqu'à l'inftant fatal, qu'il a jetté dans nos efprits la femence du défefpoir, ainfi que des autres paffions. Contemplez en effet un voyageur furpris par des voleurs, & accablé par le nombre. Que d'efforts pour racheter fa vie! Prieres, larmes, or & argent, il ne ménage rien. Entouré d'affaffins, il voit briller le fer; il voit les poignards fur fon fein; on le frappe; fes vœux font déçûs, fon fang coule: Ah! c'eft alors qu'il fait parler tout fon défefpoir. Quelle affreufe éloquence! Il lance du fond de fa poitrine de terribles hûrlemens. Les forêts & les montagnes, retentiffent de ces cris, dont la nature mourante se sert pour exprimer sa rage. Elle grave sur le front des signes capables d'émouvoir les rochers, & les cœurs, s'ils ne sont plus insensibles qu'eux : signes parlans, taches livides & noires sur les joues, égarement dans les yeux errans, écume sur les lévres, tremble-mens de nerfs, voix grossie, sécheresse de langue, battement aigu des dents, bouche disloquée à la maniere des sangliers déchi-rés par les chiens. Tels sont les signes, que trace la nature d'une main redoutable, sur les victimes d'un assassinat : vestiges du dé-sespoir, porté au dernier excès, pour amol-lir, s'il se peut, la dureté du plus inéxora-ble ennemi.

DÉSIR.

Le désir est le sentiment d'un be-soin, qui s'annonce par le trouble & l'inquiétude, & qui cherche à se satis-faire. Le besoin d'aimer dans une jeune personne, est un désir sans objet : dès qu'elle en connoît un, ce désir est ce sentiment qu'on appelle amour.

Le besoin d'aimer, est dans les femmes un besoin du cœur, plûtôt que du tempérament ; dans les hommes c'eſt le contraire : ce n'eſt pas qu'il n'ait ſouvent la même cauſe & les mêmes effets, dans les uns comme dans les autres : mais quelle que ſoit ſa cauſe, il eſt toûjours inſéparable du déſir : les uns recherchent la ſatisfaction des ſens, les autres la joüiſſance des ſentimens du cœur. *Voyez* Amour.

Déſir. Dès que la nature, dit le Pere *Brumoi*, eut environné l'eſprit humain d'un fragile vaiſſeau, elle l'exclut du Ciel, ne lui laiſſa que des beſoins, & l'exila ſur la Terre. Mais loin de le priver des moyens de rentrer un jour dans ſa patrie, & d'uſer durant ſon exil des biens deſtinés pour ſon uſage, elle lui donna des aîles, & lui apprit à les mouvoir, ſemblable à une tendre mere, qui accoûtume peu à peu ſes petits à eſſayer un vol timide, pour la ſuivre & l'imiter un jour. Tel qu'un oiſeau naiſſant, le cœur s'inſtruit inſenſiblement à s'élever ſur l'aîle de l'amour du bonheur ; & devenu plus hardi par l'expérience, il ſe porte d'un vol rapide, tantôt ſur les mers & les terres, tantôt juſqu'au ſéjour des aſtres. Il cherche ſans ceſſe la ſource de l'immortelle félicité : c'eſt Dieu même. Comme ſans lui, il ne ſauroit être heureux, dès qu'il en voit la plus légere empreinte, plus léger que les vents, il y vole. Mais il sent une main cachée, qui arrête ses efforts, & qui le repousse au moment qu'il s'efforce de l'embrasser. Prêt à saisir le vrai bonheur, il le voit s'échapper comme une ombre, durant les ténébres. Cependant les biens apparens l'amusent, comme les songes. Il se plaît à poursuivre des simulacres sans corps.

Et cette erreur repare
Les biens que la Nature avare
N'a pas accordés à nos vœux.

M. De Fontenelle.

Le cœur fomente une erreur si chere. Il en vit. C'est un voile qu'il jette sur des biens vuides de réalité. A force de souhaiter qu'ils soient réalisés, il les croit réels, déterminé à n'être pas désabusé, tant le séduit l'image du bonheur acheté à ce prix ! Mais dès que l'enchantement a disparu, & que le voile est levé, tout paroît dans son vrai jour : alors l'esprit détrompé (car peut-il être long-tems heureux ici bas ? se dégoûte d'un bien séducteur, qu'il reconnoît faux. L'amour de ces ombres vaines, soûtenu par l'erreur, s'attiédit en aimant, & se refroidit en jouïssant. Telle une riche moisson, embrasée

par

par une étincelle, éleve jusqu'aux nues une
brillante flamme, qui s'évanouit à l'inftant
que fa matiere eft confommée. Mais de
même que l'étincelle nourrie & confervée
fous un amas de cendres, réveille & lance
au dehors des feux mal éteints ; ainfi l'ame
oubliant fon indifférence paffée, & fes premiers dédains, retourne fe livrer aux foins
qu'elle avoit haïs, fe replonge dans les flots
tumultueux des défirs, & revole aux écueils
où elle a échoüé, pour y échoüer encore.
Réfolue de renouveller fes anciennes avan-
tures, elle s'épuife en vœux, qui ne s'épui-
fent jamais. La paffion qu'elle déteftoit rentre dans fes bonnes graces. Le prix qu'il lui
en a coûté ne l'arrête plus. C'eft ainfi qu'un
marchand, après le naufrage, redoute &
abhorre la perfide mer. Il jure de n'en être
plus déformais la proie : Mais il oublie bientôt fes fermens. Epris des appas de l'intérêt,
dont l'océan fe pare à fes yeux, il radoube
fes vaiffeaux, qui ferviront peut-être encore de joüet aux flots. Il connoît pourtant
la rage de Scylla & de Charybde. Il voit les
rochers, les périls & la mort dont il s'eft à
peine fauvé. Il fait quelle prodigieufe quantité de thréfors eft difperfée fur tous les ri-
vages, comme l'aigue vile qui les couvre.
Il a vû les débris attachés aux écueils, triftes reftes, dépoüilles déplorables, dont
l'afpect devroit le faire frémir : mais périls

étrangers, périls personnels, rien n'étonne des Nautonniers déterminés à s'enrichir, ou à perdre le jour.

DÉPENSE.

Ce sont nos revenus qui doivent régler notre dépense : celle qui les excede est non-seulement nuisible aux prodigues & aux fastueux, mais elle le devient même à la société : on commence par consumer ses biens, & souvent on finit par ruiner les autres.

Il seroit utile pour le bien de l'état, & pour le bonheur de chaque particulier, qu'on établît des loix somptuaires. Je sens que cette proposition a besoin de preuves : mais ce n'est point ici leur place.

DESPOTISME.

Le despotisme est l'exercice du pouvoir absolu, & indépendant des lois ; pouvoir fondé sur le consentement d'un peuple libre, ou réduit par la force.

Il doit sa naissance à l'usurpation
& à la tyrannie ; aussi est-il sujet à
bien des dangers, soit relativement
au peuple qui gémit sous le joug d'un
seul homme qui n'écoute souvent
que ses passions, ou ses caprices, &
qui n'est arrêté par aucun frein ; soit
relativement au souverain, qui a rarement pour lui l'amour du peuple, & qui se voit continuellement
exposé au péril de perdre la vie.
Combien l'Histoire nous offre-t-elle
de révolutions causées par le despotisme !

DESTINÉE.

La destinée est le sort que le hasard nous amene. Je laisse aux Théo-
logiens la dispute de la prédestina-
tion ; ce dogme m'a toûjours paru
dangereux pour la politique, & contraire à la Religion : c'est l'homme
seul qui fait sa destinée, bonne ou
mauvaise.

DETTES. *Voyez* Dépense.

DEVOIRS.

Nos devoirs sont les obligations que nous imposent les lois divines & humaines : chaque état, chaque âge, chaque condition a ses devoirs.

Nous devons à Dieu, comme créateur, de l'adoration ; comme conservateur, il exige de la reconnoissance ; comme maître absolu, nous lui devons une soûmission entiere à ses volontés.

L'humanité est le second de nos devoirs. Nous devons à tous les hommes de l'amour, de la compassion & des services. Nous devons à l'Etat qui veille à notre sûreté, le soin de sa conservation, l'emploi de nos talens, & l'obéissance aux lois : & delà les devoirs des supérieurs & des inférieurs. Nous devons aux particuliers à proportion des biens que nous en recevons ; delà les devoirs des peres, des enfans, des parens, des amis, des compatriotes, des concitoyens. Tous ces devoirs font fubordonnés les uns autres : nous devons plus à Dieu qu'aux hommes, plus au genre humain qu'à notre patrie, plus à la patrie qu'à l'amour paternel, & plus à ce dernier fentiment qu'à l'amitié.

C'eft la Religion qui regle nos devoirs envers Dieu ; ce font les lois civiles qui reglent nos devoirs envers l'Etat & le Souverain ; & c'eft la loi naturelle qui établit nos devoirs envers les particuliers.

Voici quels font les moyens que nous pouvons employer pour remplir ces devoirs (c'eft ce que les moraliftes appellent improprement les devoirs envers nous - mêmes) : ces moyens font la prudence, la vigilange, la juftice, la force & la tempérance ; ce font autant d'actes de notre volonté. *Voyez tous ces mots à leur place.*

DIALECTIQUE.

La dialectique est un terme de l'ancienne École, qui signifie la même chose que Logique. *Voyez ce mot.*

L'ancienne Académie pensoit que l'esprit seul jugeoit des idées, quoiqu'elles ne nous vinssent que des sens ; Zenon prétendoit que les sens, pourvû qu'ils fussent sains & entiers, étoient un témoignage certain de la vérité ; & Epicure croyoit leur rapport infaillible en tout tems ; il admettoit, ainsi que Zenon, des idées innées, & il vouloit que par rapport aux mœurs, & à la conduite de la vie, on consultât le témoignage de la conscience, contre les sentimens des Péripateticiens, qui prétendoient que toutes nos idées venoient des sens. Les Sectateurs de l'ancienne Académie & du Portique, croyoient qu'il y avoit des vérités certaines & évidentes. Arcesilas , chef de la moyenne, n'admettoit que la vrai-

femblance, & les Pyrrhoniens dou-
toient de tout.

On voit par ce court expofé, que
les modernes n'ont pas beaucoup
ajoûté à la dialectique des anciens.

DIEU.

Dieu eft ce qui eft ; c'eft la vérité, l'intelligence fuprême, qui préfide à la naiffance & à la confervation
des êtres.

Pythagore croyoit que Dieu étoit
une ame répandue dans tous les êtres
de la nature. Empendocle regardoit
comme Dieu les élémens, principes
de toutes chofes. Ariftote prétendoit
que la Divinité n'étoit autre chofe que
l'intelligence. Straton difoit qu'il
n'y avoit point d'autre Dieu que la
nature, principe univerfel de toutes
chofes.

Zenon dit la même chofe, mais
explique mieux fon fyftème. Le voici : tout l'univers eft formé des quatre élémens : le feu qui eft féparé

dans l'ether est le principe de toute intelligence ; c'est lui qui anime & qui vivifie tout ce qui existe.

On peut voir que tous les systèmes des anciens Philosophes, sur la nature de la Divinité, sont à peu près les mêmes ; celui de Zenon, plus développé, les renferme tous : & je suis persuadé qu'ils auroient été tous d'accord, s'ils s'étoient mieux entendus.

Ce système, qui ressemble fort à celui des Mages, n'est pas aussi absurde que M. Rollin le prétend, quand on ne consulte que la raison : mais en admettant la révélation, on sent de combien ses lumieres sont supérieures à celles de notre foible intelligence.

> Les Cieux instruisent la Terre
> A révérer leur Auteur ;
> Tout ce que leur globe enferre
> Célébre un Dieu créateur.
> Quel plus sublime Cantique,
> Que ce concert magnifique

De tous les céleſtes corps ;
Quelle grandeur infinie,
Quelle divine harmonie,
Réſulte de leurs accords !
   De ſa puiſſance immortelle
Tout parle, tout nous inſtruit.
Le jour au jour le révele,
La nuit l'annonce à la nuit.
Ce grand & ſuperbe ouvrage
N'eſt point pour l'homme un langage
Obſcur & myſtérieux ;
Son admirable ſtructure
Eſt la voix de la nature
Qui ſe fait entendre aux yeux.
   Dans une éclatante voûte,
Il a placé de ſes mains
Le Soleil, qui, dans ſa route,
Eclaire tous les humains.
Environné de lumiere,
Cet aſtre ouvre ſa carriere
Comme un époux glorieux ;
Qui dès l'aube matinale,
De ſa couche nuptiale
Sort brillant & radieux....

Rouſſeau.

DIGNITÉS. HONNEURS.

Les dignités & les honneurs ſont des diſtinctions que le Souverain ac-corde à qui il lui plaît : ils ſont ordinairement la récompenſe de la vertu.

Tout homme qui n'a d'autre motif dans ſes actions que l'ambition de les acquérir, en eſt dès lors indigne : la vertu les décore, le vice les dèshonore.

DISCIPLINE.

La diſcipline militaire eſt l'ordre que les troupes doivent obſerver. Elle demande tous les ſoins du général. Elle conſiſte principalement à contenir la ſubordination & la regle.

DISCERNEMENT.

Le diſcernement eſt une qualité de l'eſprit, qui juge des idées abſtraites, & qui apprécie le mérite des choſes dépendantes de la métaphyſique & de la morale.

DISCRÉTION.

La diſcrétion eſt une ſage retenue dans nos diſcours, qui nous fait taire ce que nous ne devons pas dire. Elle compose son ton & ses manieres, de façon que rien ne puisse transpirer du secret qui nous a été confié.

Elle ne consiste pas seulement à ne rien dire, mais aussi à ne rien laisser voir qui puisse nous trahir : c'est pourquoi il est très-important de bien choisir les personnes auxquelles on veut se confier. Tout le monde n'est pas propre à garder un secret : souvent avec les meilleures intentions, un esprit borné se laisse découvrir par quelque endroit, & donne même lieu à des soupçons, en voulant les détourner : & c'est ce qui fait que la discrétion est si rare.

DISPUTE.

La dispute est un raisonnement contradictoire, & opposé à un autre. Elle est utile pour parvenir à la connoissance de la vérité, quand ceux qui disputent cherchent de bonne foi à s'instruire : mais elle ne sert qu'à aigrir & aliéner les efprits de ceux qui conteftent par efprit d'orgueil, ou par attachement pour une erreur qu'ils ont adoptée de bonne foi. La difpute ne doit jamais fortir des bornes de la politeffe. L'amour de la vérité eft ami de la douceur & de la modération; la paffion au contraire eft remplie de fiel & d'aigreur.

DISSIMULATION.

La diffimulation eft une feinte, ou un déguifement, que nous employons dans nos difcours & dans nos actions, pour tromper quelqu'un par la fauffe confiance dont elle fe pare. C'eft un vice de l'efprit, qui a quelque chofe de bas & d'indigne d'une grande ame. On doit fans doute taire un fecret : mais on ne doit jamais altérer la vérité.

DISTRAIT.

Un homme diftrait eft celui qui ne fait point attention à ce qu'on lui dit, parce qu'il est trop occupé des objets extérieurs.

La distraction a plusieurs causes: elle naît de la légereté de l'imagination, qui nous détourne de l'application que demande un raisonnement; elle vient souvent aussi du peu d'importance des choses que l'on nous dit, & qui ne nous affectent pas assez pour les suivre; quelquefois du mépris que nous faisons des sots; & enfin de la grande vivacité de l'esprit, qui nous entraîne avec rapidité d'un objet vers un autre.

Toutes ces sortes de distractions, sont des défauts qui faut tâcher d'éviter dans le commerce de la société.

DOCILITÉ.

La docilité est une disposition naturelle de l'ame, qui cherche à s'instruire, & qui reçoit avec douceur & reconnoissance les conseils de ses supérieurs, & des personnes éclairées; c'est aussi quelquefois le fruit de la

réflexion & de l'amour de la vérité, qui fait taire les murmures de
l'amour-propre : enfin, quelle que en
soit la cause, c'est toûjours la marque d'un bon esprit, ou d'un heureux naturel.

DOMINATION.

L'esprit de domination est aussi in-
supportable dans la société, que dans
le gouvernement : c'est l'effet d'un
amour-propre sans bornes, & qui
rapporte tout à soi.

L'esprit de domination s'étend sur
l'esprit, comme sur les biens tempo-
rels ; il s'empare de notre façon de
penser ; il va jusqu'à vouloir con-
traindre notre volonté, & régler nos
sentimens : c'est une tyrannie, que les
gens d'esprits exercent volontiers sur
les esprits foibles ; car l'esprit de domination annonce presque toûjours
une supériorité de lumieres : ce qui le
rend d'autant plus dangereux, qu'il
entraîne les esprits par une douce

violence, par le charme de la féduction.

DOUCEUR.

La douceur eft un fond de complaifance qui nous fait déférer à la volonté
d'autrui ; c'eft une qualité du tempérament, que l'éducation & la réflexion
fortifient.

Elle nous rend attentifs & prévenans dans le commerce de la fociété ;
elle nous fait diffimuler les offenfes ;
elle chaffe l'efprit de contradiction &
l'efprit fatyrique ; elle nous donne ce
ton affectueux, ce ton du fentiment,
qui nous concilie ceux qui vivent
avec nous ; elle nous infpire la bienveillance, la bonté, la fenfibilité, la
reconnoiffance, & l'amour de l'humanité.

FABLE.

Lorfque pour orner la beauté,
Le Ciel eut raffemblé les graces, la
    jeuneffe,
Le charme de l'efprit, le fel de la fineffe,
    Et le vernis de la gaieté ;

On affûre & l'on m'a conté,
Que pour être de la partie,
La douceur & la modeftie,
Vinrent fe préfenter à la Divinité.
Qu'eft-ce encor, dit quelqu'un ?. De
　　chaque qualité,
La part n'eft-elle pas lottie ?
Renvoyons celles-ci... Je vous le défens
　　bien,
Dit le maître abfolu de la troupe célefte.
Ces vertus ont de quoi remplacer tout le
　　refte :
Et fans elles, Meffieurs, tout le refte n'eft
　　rien.

Peffellier.

DOULEUR.

La douleur eft le fentiment d'un mal préfent, qui nous arrive par la perte, ou la privation d'un bien. Ce fentiment fe produit quelquefois par le reffouvenir d'un mal paffé, que l'imagination nous trace vivement.

La douleur que nous reffentons des fouffrances, que caufent la maladie ou les infirmités, qui accompagnent la vieilleffe, eft la plus excufable de
toutes,

toutes , quoiqu'il ne foit point raifonnable de fe livrer à un fentiment,
qui ne fait qu'aigrir nos maux : à
l'égard de la douleur que nous reffentons de la perte ou de la privation
d'un bien , elle eft la marque de la
foibleffe de notre efprit. La douleur
& les regrets ne réparent pas nos
maux.

Il y a cependant des pertes, telles
que celles d'une femme, d'un ami,
d'un enfant, qui nous font fi fenfibles, qu'avec toute la force d'efprit
imaginable, nous ne pouvons nous
défendre d'un inftant de douleur ;
c'eft un tribut que nous devons à la
nature : mais c'eft être infenfé, que
de s'y abandonner.

DOUTE.

Le doute eft une fufpenfion de
l'efprit , qui refufe de porter fon
jugement fur une propofition, dont
la vérité ne lui eft pas fuffifamment
connue.

H

Le doute est la marque de peu ou de beaucoup d'esprit : on doute souvent faute de connoissances, quelquefois parce qu'on en a trop, ou qu'elles ne sont pas assez distinctes.

DROIT.

Le droit est naturel ou civil : le droit naturel est ce qui est permis par la raison ; le droit civil est ce qui est permis par les loix. Le droit civil doit dériver du droit naturel : mai malheureusement nous voyons souvent qu'il lui est opposé. Doit-on s'en étonner ? ce sont les hommes qui ont fait les loix.

DROITURE.

La droiture est une disposition à l'équité. *Voyez* Equité.

DUPLICITÉ.

La duplicité, dit M. *de Vauvenargue*, est une imposture à deux faces.

L'esprit de duplicité est l'art de tromper quelqu'un, par des mots à double entente, dont un sens offre une interprétation favorable, tandis que l'autre cache une signification contraire.

DURETÉ.

La dureté est l'insensibilité des maux, qu'endurent les misérables ; c'est un vice du cœur qui vient du tempérament. Les vieilles gens sont ordinairement moins compatissans que les jeunes ; il semble que le cœur s'use : c'est que l'expérience des maux l'endurcit.

E.

ÉDUCATION.

L'éducation est le soin qu'on prend de l'instruction des enfans, tant pour ce qui regarde les mœurs, que l'esprit & le corps.

Malgré le peu de pouvoir qu'on lui attribue, il est certain que l'édu cation forme une seconde nature par l'habitude. *Voyez ce mot.*

> La coûtume, la Loi plia mes premiers ans
> 'A la Religion des heureux Musulmans.
> Je le vois trop : les soins qu'on prend de notre enfance
> Forment nos sentimens, nos mœurs, notre créance.
> J'eusse été près du Gange esclave des faux Dieux,
> Chrétienne dans Paris, Musulmane en ces lieux.
> L'instruction fait tout ; & la main de nos Peres
> Grave en nos foibles cœurs ces premiers caracteres,
> Que l'exemple & le tems viennent nous retracer,
> Et que peut-être en nous Dieu seul peut effacer.
>
> *Voltaire.*

L'éducation des enfans, devroit être un des principaux soins du gouvernement.

La bonne éducation fait les bonnes mœurs : & les bonnes mœurs font le bonheur & la sûreté d'un état.

EFFRONTÉ. *Voyez* Impudence.

ÉGALITÉ.

L'égalité est une tranquillité d'ame, que rien ne peut troubler ; elle naît de la modération de nos désirs : c'est l'apathie des Philosophes. *Voyez* Apathie.

L'égalité de l'esprit est troublée par la trop grande dissipation des esprits animaux, par la foiblesse de l'âge & la maladie, qui relâchent & affoiblissent les organes.

L'égalité d'humeur est altérée par la quantité, ou la mauvaise qualité de celles qui succedent.

ÉGARD.

Les égards sont les soins ; les attentions, les prévenances, que nous témoignons aux autres.

L'esprit de société est fondé sur des égards mutuels ; nous en devons à nos supérieurs.

ELOQUENCE.

L'éloquence est l'art de persuader ; ce sont les passions qui nous la donnent.

On doit se défier de l'éloquence, parce qu'on peut persuader le cœur, sans convaincre l'esprit ; la conviction est le fruit du raisonnement : & la persuasion est l'effet d'un sentiment, qui nous trompe bien souvent.

EMPORTEMENT.

L'emportement est un mouvement de colere, qui fait d'abord beaucoup de bruit, mais qui s'appaise ensuite fort aisément. Il est l'effet de la vivacité de l'imagination, & de la chaleur du sang : c'est pourquoi il faut lui céder d'abord.

ÉMULATION.

L'émulation est le désir de bien faire, à l'exemple des autres, & de les surpasser même, s'il se peut : sans l'émulation & les passions qui nous portent à l'action, tout languiroit dans le monde moral.

Enjouement.

L'enjouement est la gaieté de l'esprit; il naît d'une imagination riante, qui badine & plaisante sur les objets qui l'exercent.

Cette qualité annonce ordinairement un homme qui a beaucoup de connoissance, & qui est maître de sa matiere : M. de Fontenelle a beaucoup de cet esprit-là.

Enfance. *Voyez* Ages.

Ennui.

L'ennui, est un état de l'ame, qui éprouve des inquiétudes ; c'est un trouble & une agitation qui naissent de l'activité de l'esprit, qui cherche un objet qui puisse le remplir & le fixer; car un sot qui s'amuse de tout, & un stupide qui n'est affecté de rien, ne connoissent pas l'ennui : ils ne font faits que pour l'infpirer aux autres. *Voyez* Travail,

Ennui. L'ennui, dit M. de *Maffillon*, ne fe trouve que dans le dérangement, & dans une vie d'agitation, où jamais rien n'eft à fa place. C'eft en vivant au hafard, que nous nous fommes à charge à nous-mêmes; que nous cherchons toûjours de nouvelles occupations, & que le dégoût nous fait bientôt repentir de les avoir cherchées; que nous changeons fans ceffe de fituation pour nous fuir, & que nous nous portons partout nous-mêmes; en un mot, que toute notre vie n'eft qu'un art diverfifié pour éviter l'ennui, & un talent malheureux de le trouver. Partout où n'eft pas l'ordre, il faut néceffairement que fe trouve l'ennui : & loin qu'une vie de dérangement & d'agitation en foit le remede, elle en eft au contraire la fource la plus féconde & la plus univerfelle.

ENTENDEMENT.

L'entendement eft une faculté paffive de l'ame intelligente ; il faifit les idées abftraites, qui ne peuvent tomber fous les fens. L'imagination lui eft entierement oppofée, auffi bien que les paffions qui le troublent.

C'eſt l'entendement qui fait le Philoſophe, & qui conſerve le dépôt de
nos connoiſſances.

ENTESTEMENT.

L'entêtement eſt un fort attachement aux principes qu'on a adoptés,
attachement qui vient de la prévention que nous donnent les paſſions,
ou la confiance aveugle que nous
avons dans quelqu'un. L'entêté eſt
perſuadé de la vérité de ce qu'il ſoûtient.

ENTHOUSIASME.

L'enthouſiaſme eſt le tranſport d'une
imagination échauffée ; il eſt l'effet
d'une fermentation violente qui ſe fait
dans le ſang, qui échauffe l'imagination, & lui fait créer des penſées &
des ſentimens qui portent une empreinte de grandeur & de vivacité ;
c'eſt une eſpece de fievre que les paſſions allument.

C'eſt l'enthouſiaſme qui fait les Orateurs & les Poëtes : mais il fait auſſi ſouvent des fanatiques & des fous.

ENVIE.

L'envie eſt un ſentiment de haine mêlé de déſirs, ſentiment que fait naître en nous le chagrin de voir poſſéder par un autre un bien que nous déſirons.

C'eſt la plus triſte & la plus honteuſe des paſſions ; elle devient le tourment de ceux qu'elle poſſede, & de ceux qu'elle attaque. L'envie regarde le bien que l'on fait à un autre, comme un vol que l'on lui fait ; & ſouvent il cherche à s'en venger comme d'une offenſe, & contre celui qui diſpenſe le bienfait, & contre celui qui le reçoit.

L'envie eſt le fruit d'un amour-propre déſordonné, il croit s'élever en abaiſſant les autres : mais comme dit M. *de Voltaire*,

On ne s'embellit point en blâmant ſa rivale.

Envie. Si l'envie est un mal, on peut dire qu'elle produit quelquefois cependant un bien, en excitant l'émulation, & en nous reprenant de nos défauts.

Le mérite en repos s'endort dans la pa-
resse ;
Mais par les envieux un génie excité,
Au comble de son art est mille fois
monté ;
Plus on veut l'affoiblir, plus il croît &
s'élance.
Au Cid persécuté Cinna doit sa naissance ;
Et ta plume, Racine, aux censeurs de
Pyrrhus,
Doit les plus nobles traits dont tu peignis
Burrhus.

Boileau.

ÉQUITÉ.

L'équité est l'amour de la justice distributive ; c'est un sentiment que l'éducation & la réflexion ont gravé dans nos cœurs, plutôt que la nature : cependant il nous devient naturel par l'habitude. *Voyez* Justice.

Dans le monde il n'est rien de beau que
l'équité :
Sans elle la valeur, la force, la beauté,

Et toutes les vertus dont s'ébloüit la
   Terre,
Ne font que faux brillans, & que mor-
   ceaux de verre.
Un injufte guerrier, terreur de l'univers,
Qui fans fujet courant chez cent Peuples
   divers,
S'en va tout ravager jufqu'aux rives du
   Gange,
N'eft plus qu'un grand voleur, qu'un du
   Tert & Saint-Ange.

Boileau.

ERREUR.

Les erreurs font les fauffes opinions que la prévention & la précipitation dans nos jugemens nous
font adopter : ils tirent leur fource
de l'ignorance & des paffions.

Il nous eft plus facile de nous défendre d'une erreur qui fe préfente
à notre efprit, que de la vaincre
quand nous l'avons adoptée, & qu'elle
nous flatte : c'eft pourquoi, auparavant
de recevoir une opinion, nous ne pouvons trop l'examiner, furtout quand
elle intéreffe notre bonheur.

L'erreur qui eſt oppoſée à la vérité, n'en eſt que l'apparence : c'eſt ce
qui n'exiſte point. *Voyez* Vérité.

ÉRUDITION.

L'érudition eſt une connoiſſance
fort étendue des Belles Lettres : c'eſt
la mémoire qui la donne ; c'eſt pourquoi l'on en fait peu de cas, à moins
qu'elle ne ſoit accompagnée du jugement qui la fait ſervir de preuve à
ſes raiſonnemens.

ESPÉRANCE.

L'eſpérance eſt un ſentiment de
confiance, qui nous ſoûtient dans
l'attente d'un bien, que la fortune
ſemble nous promettre, & qui nous
en fait joüir d'avance.

L'eſpérance eſt le plus grand de
tous les biens, puiſqu'elle nous aide
à ſupporter nos maux. Celle qui nous
inſpire une entiere réſignation aux
décrets de la Providence, par la récompenſe qu'elle nous promet, & par

la confiance qu'elle met en la miſé‑
ricorde de Dieu, eſt une des trois
vertus théologales.

Eſpérance. Voici le portrait de l'eſpérance
par le Pere *Brumoi.*

Je vois deſcendre du Ciel une Déité éga‑
lement agréable aux hommes & aux Dieux :
c'eſt l'Eſpérance. O vous qui m'écoutez,
pardonnez à ma Muſe cette métamorphoſe
de paſſions en divinités. Hé, ne fait‑on pas
ſon Dieu de ſa paſſion ? La voici près de
nous cette Déeſſe qui préſide à l'eſpoir.
Quelle aſſûrance dans ſon port ! quelle ſé‑
rénité ſur le front ! quelle dignité dans ſes
airs de tête ! Tantôt un rayon de joie & une
lumiere voltigeante ſe jouent autour de ſes
yeux ; tantôt un nuage clair ſemble voiler
ſon viſage comme une gaze légere. Marche‑
t‑elle ; c'eſt une démarche fiere & noble.
Elle s'arrête : c'eſt la confiance qui forme
ſon attitude. Mais elle en a plus d'une, ſoit
en repos, ſoit dans le mouvement : & ſa
figure n'eſt preſque jamais la même. Fem‑
me, elle en a l'humeur volage, inconſtante
ou perfide. Tantôt plus prompte que le
vent elle ſemble voler. Tantôt elle a peine
à ſe tenir ſur des appuis, & à ſe traîner. Sou‑
vent elle eſt d'une exceſſive petiteſſe, &
toute reſſerrée en elle‑même. Bientôt

aggrandiſſant ſon corps d'une merveilleuſe
maniere, on ne la reconnoît plus : elle
éleve ſa tête juſqu'aux aſtres. Elle eſt tantôt
infirme, tantôt pleine de vigueur & de
ſanté. Un ſoûris fort aimable, timide pourtant ; beaucoup de feu dans ſon air ; enfin
mille attraits dans toute ſa perſonne. Auſſi
attire-t'elle tous les humains qui ſoûpirent
après elle ; c'eſt une cour avide & empreſſée
qui ne la quitte point. Riche de nom, pauvre en effet, elle trouve le ſecret de repaître
cette cour, non de réalités, mais d'apparences. Au défaut des biens, elle leur prodigue
des ombres : ils en ſont ſatisfaits. Ont-ils
tort ? tout charme quand on eſpere : tout
laſſe quand on poſſede. Tous les dons de
l'eſpérance ſont aſſaiſonnés d'une je ne ſais
quelle ſaveur préférable à celle de l'ambro-
ſie. Un malade, ſoit d'eſprit, ſoit de corps
s'abreuve à longs traits du doux poiſon de
l'eſpoir. Autant en fait l'amant ; autant le
nautonnier ſur le ſommet d'une vague prête
à le précipiter ; autant le vieillard, preſqu'englouti dans les Enfers. L'inexorable
Caron a beau le preſſer d'un regard affreux.
Il garde encore l'eſpoir après ſon thréſor.
L'eſpérance eſt ſéduiſante, & ſéduite. Elle
joüe, elle eſt joüée. Dans ce jeu mutuel la
vie ſe paſſe. L'on eſpere toûjours, & la
mort étouffe le dernier effort de l'eſpoir.
Venez, chere Déeſſe : & puiſque vos dons

ont l'art d'amufer nos foibles cœurs, ver-
fez-les à pleines mains ; fans eux la vie n'eft
pas fupportable. Nul reméde à nos maux :
tout languit, tout meurt. Par vous l'on
goûte le repos, la volupté, les délices, ou
du moins la plus douce des erreurs. Ah !
ne la rendez pas cruelle à vos trop crédules
adorateurs. Trompez-nous : mais cachez
votre art. Répandez un nuage fur vos inno-
centes fraudes, & laiffez nous jouir de l'enchantement. C'eft fous vos heureux auf-
pices que l'on déploie les voiles dans la
profpérité. Dans les revers, vous êtes une
ancre folide : le vaiffeau eft agité : mais
qu'importe, s'il a pour ancre l'efpoir.

E s p r i t.

L'efprit eft l'ame confidérée par la
penfée, qui eft un de fes attributs.
On découvre dans l'efprit trois principales facultés, l'imagination, la
mémoire, le jugement. Ces trois facultés ne font pas abfolument oppo-
fées les unes aux autres ; cependant il
eft très-rare de les trouver réunies
enfemble : on voit rarement qu'un
homme qui a beaucoup de mémoire,
ait

ait beaucoup d'imagination, & plus rarement encore qu'un homme qui a beaucoup d'imagination ait beaucoup de jugement.

Voici la fucceſſion des opérations de l'eſprit : les objets frappent les fens ; la conſcience avertit l'ame de cette perception ; l'attention lui dit que c'eſt la feule qu'elle ait eue, & lui fait oublier les autres ; la réminiſcence lui rappelle qu'elle l'a eue ; l'imagination la lui fait fentir de nouveau ; la mémoire lui en rappelle le nom & quelques circonſtances, fans le premier fentiment de perception, & la contemplation qui y demeure attachée : alors le jugement combine, abſtrait, diſtingue, compare, compoſe, ou décompoſe, analyſe, raiſonne, juge, affirme, ou nie.

Toutes ces différentes facultés dépendent de la diſpoſition des organes, & établiſſent différentes fortes d'eſprits.

Il y a l'eſprit fublime, l'eſprit pé-

I

nétrant & profond, l'esprit fin & délicat, l'esprit naturel, l'esprit simple, l'esprit vaste & étendu, & l'esprit original.

L'esprit sublime qu'on nomme autrement génie, est celui qui sent & peint vivement les objets; il fait des Orateurs & des Poëtes : l'imagination est son lot.

L'esprit pénétrant & profond, envisage dans les choses le rapport qu'elles ont avec notre utilité : & c'est-là l'emploi du jugement. Il est propre aux sciences & aux arts : c'est ce qu'on nomme bon esprit. *Voyez* Bon sens.

L'esprit fin & délicat, voit dans ces mêmes choses, le rapport & l'agrément qu'elles ont avec le plaisir de la vie : c'est ce qu'on appelle le bel esprit. Il possede les deux autres facultés de l'esprit, mais dans un dégré moins éminent.

L'esprit naturel est ce goût de la belle nature, qui nous fait dire &

sentir tout ce qui est propre à un sujet.

L'esprit naturel ne dit que ce qu'il faut dire ; il met les choses à leur place, & rejette ces ornemens ambitieux dont parle *Horace*.

Il se forme de la modération de l'ame & de la justesse de l'esprit, à la différence du génie, qui naît de l'activité de l'ame, & de la vivacité de l'imagination. *Voyez* Goût.

L'esprit simple est celui qui n'a point de prétention. Ennemi de la vanité & du désir de briller, il fuit toute affectation, & ne se pique de rien.

Il suppose nécessairement l'esprit naturel, avec lequel on le confond souvent, quoique l'esprit naturel ne soit pas toûjours simple. *Racine* n'avoit que l'esprit naturel ; *la Fontaine*, *Fénélon* & *Pascal* avoient l'un & l'autre : c'est ce qui fait qu'on a dit de ce dernier, qu'il étoit assez bête pour ignorer qu'il valloit beaucoup mieux que *Nicole* & *Arnaud.*

L'esprit simple est la marque de beaucoup de jugement.

L'esprit étendu est celui qui a beaucoup de connoissance dans une science ; l'esprit vaste est celui qui réunit plusieurs connoissances dans différentes sciences : l'un sait beaucoup, & l'autre sait mieux. L'esprit étendu sent le rapport & la liaison des choses ; & de conséquence en conséquence, il remonte jusqu'à leur principe : l'esprit vaste n'apperçoit que les effets. L'un voit distinctement les objets, & l'autre ne les apperçoit que d'une maniere confuse.

L'esprit original est celui qui envisage & représente les objets sous un aspect nouveau, & qui a un air d'invention.

Cette qualité se remarque dans le tour de l'expression, & dans le rapport rapproché des choses qui paroissent le plus éloignées, & le plus incompatibles.

L'efprit original donne la facilité de s'exprimer, parce qu'il vient d'une grande netteté d'imagination, qui nous préfente diftinctement les objets & des termes propres à les peindre.

L'efprit veut être cultivé avec modération ; trop d'étude l'accable , & rend les connoiffances confufes ; le défaut d'exercice le fait tomber en langueur ; la réfléxion le nourrit , & rend les idées claires & diftinctes.

ESTIME.

L'eftime eft la vûe intérieure du mérite d'une chofe ; c'eft un hommage que nous rendons à la vertu, ou volontairement, ou forcés par le témoignage de notre confcience.

L'eftime des hommes eft un bien que nous devons nous efforcer d'acquérir : mais il doit nous fuffire de la mériter, fans s'affliger fi l'on ne l'obtient pas.

ETUDE.

L'étude eſt l'application de notre eſprit aux Arts, aux Sciences, ou aux Belles-Lettres : elle eſt néceſſaire à celui qui veut s'inſtruire : mais elle doit être réglée avec prudence : une application trop continue fatigue l'eſprit & l'accable. Il reſſemble à notre eſtomach, qui ne peut digérer une trop grande quantité de nourriture : il faut manger peu, ſouvent & lentement.

La plûpart des perſonnes qui ſe ſont conſacrées à l'étude, & ſurtout à celles des ſciences abſtraites, ont paſſé leur vie miſérablement. On contracte dans cette habitude un eſprit ſombre & ſauvage, qui nous éloigne de la ſociété pour laquelle nous ſommes nés. On veut pénétrer dans les ſecrets de la Divinité ; & après bien des efforts inutiles, on eſt perſuadé que nous ne pouvons les comprendre : eſt-ce la peine de ſe priver des douceurs de la vie, de renoncer aux plaisirs, & de se ruiner la santé? Mais entrons dans un plus grand détail; on connoîtra mieux les dangers de ce peu de connoissances que l'orgueil des hommes a nommé sciences.

Passons à la Philosophie. La Logique nous apprend l'art de penser & de raisonner : mais par sa méthode, elle étouffe l'enjouement & la vivacité de l'esprit. Les préceptes de la Métaphysique sont si abstraits & si incertains, qu'après un long examen, on est obligé de convenir qu'on n'est sûr d'aucun principe. A l'égard de la Physique, elle est fondée sur des hypotheses, ou sur des expériences : celle qui n'est appuyée que sur des suppositions, nous conduit infailliblement à l'erreur ; l'autre nous aide souvent à découvrir la vérité.

Les Mathématiques ont aussi leur avantage : mais cette science qui est la seule qu'on puisse appeller de ce nom, est plus utile aux hommes, qu'à

I iv

l'homme même. La seule qui lui soit nécessaire est la connoissance de soi-même : elle renferme l'Anatomie, la Medecine & la Morale. L'Anatomie nous apprend à connoître la structure de nos corps, qui ont un rapport si intime avec les opérations de l'ame : la Medecine nous enseigne à guérir les maladies qui nous affligent : & la Morale nous fait connoître la nature, & l'étendue de nos devoirs.

Voilà, ce qui doit faire l'objet de notre étude : mais aussi on doit se souvenir que l'homme n'est pas né pour la contemplation, & qu'une seule action, qui peut être utile à nos semblables, vaut cent fois mieux que les plus belles réflexions de la plus longue vie.

EVIDENCE.

L'évidence est la marque qui distingue la vérité de l'erreur.

EXACTITUDE.

L'exactitude est une attention de

ne rien omettre de ce qu'on a pro-
mis de faire dans le tems, & de la
façon preſcrite : l'exactitude demande de la mémoire ; elle eſt auſſi néceſſaire à l'homme dans ſa conduite,
qu'indiſpenſable dans les traités.

L'exactitude eſt auſſi une qualité
du ſtyle qu'on exige dans les définitions & raiſonnemens.

EXCÈS.

L'excès eſt ce qu'il y a de trop.
C'eſt le devoir du ſage de chercher
à les éviter ; car nous y ſommes naturellement portés, & nous les ren-
controns partout, même dans les
meilleures choſes. La modération lui
eſt oppoſée, & c'eſt ſurtout en quoi
conſiſte la vertu & le bonheur.

EXEMPLE.

L'exemple eſt ce qui peut ſervir de
modele, ce qui peut-être imité. Il
eſt plus puiſſant pour former les
mœurs, que les plus beaux diſ-

cours de la morale ; ainſi les peres &
les meres, & tous ceux qui ſont commis pour nous inſtruire, doivent
plûtôt nous prêcher d'exemple, que
d'employer tant d'inutiles déclama-
tions contre le vice : c'eſt envain
qu'une mere prêche la continence à
ſa fille, ſi elle eſt débauchée.

Exemple. On aime aſſez, dit M. de
Maſſillon, à donner à des enfans des leçons
de vertu & de probité ; on ſe fait honneur même de leur débiter les maximes
les plus ſeveres & les plus héroïques de la
ſageſſe : mais la conduite domeſtique ſoûtient mal le faſte & la vanité de ces inſtruc-
tions. On leur propoſe les vertus de leurs
ancêtres ; & on affoiblit, en les démentant
ſoi-même par des mœurs oppoſées, l'impreſſion qu'avoit pû faire le ſouvenir de ces
anciens modéles. Ainſi, loin de leur inſ-
pirer des ſentimens de vertu, par ces impreſſions contredites par nos exemples,
nous les accoûtumons à penſer de bonne
heure, que la vertu n'eſt qu'un nom ; que
les maximes qu'on nous en débite ne ſont
qu'un langage & une façon de parler, qui
a paſſé des peres aux enfans, mais que
l'uſage a toûjours contredit ; & qu'enfin,

ceux qui en ont paru dans tous les tems les plus zélés défenseurs, ont toûjours été au fond semblables au reste des hommes.

EXPÉRIENCE.

L'expérience est la connoissance que nous avons acquise des choses, soit par l'épreuve que nous en avons faite nous-même, ou que nous en avons vû faire aux autres, soit par nos réflexions, ou par les conseils d'autrui.

Il n'est pas nécessaire d'avoir beaucoup vécu pour avoir de l'expérience ; il suffit d'avoir beaucoup vû, ou beaucoup réflechi. Un jeune homme de trente ans, peut avoir plus d'expérience qu'un vieillard de quatrevingts.

L'expérience physique est la maniere constante & uniforme, que la nature emploie dans ses opérations : les mêmes causes produiront constamment les mêmes effets.

EXTASE.

L'extafe eft un état d'immobilité, qui eft caufé par la furprife de quelque chofe de merveilleux ; c'eft une longue admiration.

Elle eft auffi quelquefois caufée par la force de l'imagination, qui s'attache fi fortement aux objets qu'elle contemple, que l'ufage des fens en eft fufpendu. Les myftiques & les amans font fouvent ravis en extafe.

F.

FACILITÉ.

La facilité dans le caractere eft une difpofition à prendre les impreffions qu'on nous donne. Cette difpofition vient de ce que notre ame n'a pas affez de force, ou de connoiffance, pour fe déterminer d'elle-même à prendre un parti : & c'eft pourquoi on la remarque plûtôt dans

les jeunes gens, qui ne font pas encore
formés.

Rien n'eft plus infipide dans le
commerce de la fociété, que cette
forte de caractere, qui n'a d'autre
mérite que celui qu'auroit un auto-
mate, auquel l'on feroit faire les
mêmes chofes.

FACULTÉ.

Nos facultés font le pouvoir & la
facilité que nous avons de faire une
chofe plûtôt qu'une autre.

FADE.

Un homme fade eft un homme qui
n'a point à lui de caractere marqué,
qui ne penfe pas par lui-même, &
qui eft toûjours du fentiment du dernier qui lui parle.

FAMILIARITÉ.

La familiarité eft une maniere de
vivre fans gêne ni contrainte avec
les perfonnes, que le hafard, l'ha-

bitude, ou la néceſſité des affaires nous préſentent.

C'eſt la familiarité qui fait le charme de la ſociété, quand on ſait la contenir dans de juſtes bornes, & qu'elle n'eſt ni cauſtique, ni ſévere : mais elle devient ſouvent la cauſe de bien des ruptures, lorſqu'elle néglige les ménagemens qu'on doit à l'amour-propre de nos amis mêmes ; ainſi, la familiarité demande une grande connoiſſance du caractere des perſonnes avec leſquelles nous vivons. C'eſt le cœur autant que l'eſprit, qui nous fait ſentir les égards que nous devons à un chacun : nous devons juger par notre propre ſentiment, l'effet que produiront nos actions & nos diſcours : mais pour prendre tant de précautions, il faut vouloir conſerver ſes amis : & c'eſt très-ſouvent ce dont on ne ſe ſoucie guere.

FANATISME.

Les fanatiſme eſt un zele outré

des vertus. La vérité, la religion
l'amitié, l'amour de la patrie a fes
fanatiques.

Le fanatifme prend fa fource dans
le tempérament : les gens d'une imagination forte & les mélancoliques
y font naturellement portés ; & l'on
remarque que l'efprit n'a pas affez de
force pour nous en préferver, puif-
que tant de grands hommes n'ont pû
s'en garantir.

Le fanatifme eft contraire à la fageffe, à la modération, & à l'efprit
du chriftianifme, qui nous recommande l'amour de nos femblables.

La difcorde attentive en traverfant les
    airs,
Entend ces cris affreux, & les porte aux
    Enfers ;
Elle amene à l'inftant de ces Royaumes
    fombres
Le plus cruel tyran de l'empire des
    ombres.
Il vient. Le Fanatifme eft fon horrible
    nom :
Enfant dénaturé de la Religion,

Armé pour la défendre, il cherche à la
　　détruire,
Et reçû dans son sein, l'embrasé & le
　　déchire.
　C'est lui qui dans Rabba, sur les
　　bords de Larnon,
Guidoit les descendans du malheureux
　　Ammon,
Quand à Moloch, leur Dieu, des meres
　　gémissantes.
Offroient de leurs enfans les entrailles
　　fumantes.
Il dicta de Jephté le serment inhumain ;
Dans le cœur de sa fille il conduisit sa
　　main ;
C'est lui qui de Calchas ouvrant la bou-
　　che impie,
Demanda par sa voix la mort d'Iphigé-
　　nie.
France, dans tes forêts il habita long-
　　tems ;
A l'affreux Teutatès il offrit ton encens.
Tu n'as point oublié ces sacrés homi-
　　cides,
Qu'à tes indignes Dieux présentoient tes
　　Druides.
Du haut du Capitole, il crioit aux
　　Payens :
Frappez, exterminez, déchirez les Chré-
　　tiens.

　　　　　Voltaire.

FANFARON.

FANFARON.

Le fanfaron eſt celui qui vante ſon courage, ſoit qu'il en ait, ou qu'il n'en ait pas : cependant on ſe ſert aſſez communément de ce terme, quand on veut parler d'un faux brave, parce que le caractere de la véritable bravoure eſt d'être modeſte.

FATALITÉ.

La fatalité eſt une deſtinée malheureuſe qu'on ne peut éviter : c'eſt un des préjugés de l'antiquité, & de ceux qui croient la prédeſtination.

Cette opinion ſi contraire à la morale & à la politique, n'eſt fondée ſur aucune bonne raiſon.

FATUITÉ.

La fatuité eſt l'expreſſion d'une confiance préſomptueuſe.

FAUSSETÉ.

La fauſſeté eſt une diſpoſition à la
K.

tromperie. On n'eſt faux dans le commerce de la vie, que lorſqu'on a deſſein de tromper quelqu'un.

La fauſſeté eſt un vice du cœur, qui prend ſa ſource dans un amour-propre mal entendu, & qui préfere l'intérêt perſonnel à celui des autres.

FAUTE.

La faute eſt un manquement contre la Loi, ou contre les regles de quelque art.

Les fautes en morale different des vices, en ce qu'elles ſont les effets de la fragilité humaine, au lieu que le vice l'eſt de la volonté; les unes ſont excuſables, & l'autre ne l'eſt pas.

Les fautes contre les regles de l'art, viennent de l'imperfection de la connoiſſance, ou de la difficulté de l'exécution.

FÉCONDITÉ.

La fécondité eſt une qualité de l'eſprit, qui abonde en idées. Cette abondance lui vient de la perfection des sens qui communiquent facilement à l'ame l'impreſſion qu'ils reçoivent des objets, de la vivacité de l'imagination qui ſe les repréſente, & de la fidélité de la mémoire qui les conſerve.

Félicité.

La félicité eſt le ſentiment du bonheur. Un homme peut être heureux ſans joüir de la félicité. Un chagrin paſſager, une légere douleur, les ſuites d'une maladie, un *méſaiſe*, un rien l'empêche ſouvent de ſentir ſon bonheur.

Femme. Homme.

La différence qu'on remarque dans l'homme & la femme, vient non-ſeulement de l'éducation, mais auſſi de leur nature. Les fibres de la femme ſont ordinairement plus déliés, ce qui rend les ſens plus fins, & le ſentiment intérieur plus délicat.

K ij

Cette difpofition naturelle leur fait préférer les objets fenfibles aux êtres métaphyfiques, les qualités aimables aux qualités effentielles, le brillant au folide, le luxe & le fafte à la propreté & à la commodité.

C'est auffi ce qui les rend fenfibles à la piété, inconftantes & légeres, & fouvent capricieufes. La trace qu'y laiffent les objets n'étant pas affez profonde, elle eft aifément effacée par une nouvelle impreffion : de forte que l'objet préfent l'emporte fouvent chez elles fur celui qui eft abfent. Mais fi l'homme a quelque avantage du côté du jugement & de la raifon, avantage qu'il doit autant à l'éducation qu'à la nature, il faut convenir que le commerce des femmes bien nées, a un charme qu'on chercheroit vainement dans celui des hommes les plus aimables. Ce charme eft la douceur & la délicateffe de l'efprit & des fentimens qu'on remarque dans tous leurs difcours, & dans toutes leurs actions. L'ufage leur laiffe la pratique des vertus obfcures, les plus difficiles fans contredit, & les plus ingrates : tandis qu'il réferve aux hommes les vertus d'éclat. Cependant, malgré tous ces avantages imaginaires qu'ils doivent au préjugé, ils font obligés de convenir que le commerce des femmes eft plus aimable, parce qu'elles fe laiffent plus conduire par le cœur que par l'efprit, & que c'eft toûjours le cœur qui fait le charme de la fociété.

Les femmes ont encore plus de ce que l'on appelle communément efprit, que les hommes. Elles l'ont plus naturel, parce qu'elles reçoivent leurs idées de l'impreffion immédiate des objets, parce qu'elles penfent & raifonnent d'après la fenfation qu'ils produifent, tandis que nous adoptons follement les penfées & les fentimens des autres.

Femme. Les deux fexes, dit M. *Du Clos,* ont en commun les vertus & les vices. La vertu a quelque chofe de plus aimable dans les femmes ; & leurs fautes font plus dignes de grace , par la mauvaife éducation qu'elles reçoivent. Dans l'enfance, on leur parle de leurs devoirs, fans leur en faire connoître les vrais principes ; les amans leur tiennent bientôt un langage oppofé : comment peuvent-elles fe garantir de la féduction ?

La célebre Ninon l'Enclos, amante légere, amie folide, honnête-homme & Philofophe , fe plaignoit de la bifarrerie & de l'injuftice du préjugé à cet égard. J'ai réfléchi, difoit elle, dès mon enfance, fur le partage inégal des qualités qu'on exige dans les hommes & dans les femmes ; je vis qu'on nous avoit chargées de ce qu'il y avoit de plus frivole, & que les hommes s'étoient réfervé le droit aux qualités effentielles : dès ce moment je me fis homme.

Il femble que la vertu d'une femme foit dans ce monde un être étranger , contre lequel tout confpire : l'amour féduit fon cœur ; elle doit être en garde contre la furprife des fens. Quelquefois l'indigence, ou d'autres malheurs encore plus cruels, l'emportent fur toute la fermeté d'une ame trop long-tems éprouvée : il faut qu'elle fuccombe. Le vice vient alors lui offrir des fecours intéreffés , ou d'autant plus dangereux, qu'ils fe montrent fous le mafque de la générofité : le malheur les accepte, la reconnoiſſance les fait valoir, & une vertu s'arme contre l'autre. Environnée de tant d'écueils, ſi une femme eſt ſéduite, ne de-vroit-on pas regarder ſa foibleſſe, plûtôt comme un malheur, que comme un crime ?

Fermeté. *Voyez* Force.

Férocité. *Voyez* Brutalité.

Fidélité.

La fidélité eſt la conſtante obſer-vation des devoirs que nous nous ſommes impoſés par nos engage-mens, ſoit par ſerment, par écrit, verbalement, ou tacitement. Tout engagement ſuppoſe une obligation réciproque ; car on ne s'engage point ſans trouver aucun avantage dans ſon engagement : ainſi, lorſque nous man-quons à la condition expreſſe ou ta-cite, nous remettons la foi qu'on nous a promiſe.

Que ceux qui ſe plaignent de l'in-fidélité des autres s'examinent bien avant : ils reconnoîtront ſouvent qu'ils

ont manqué les premiers de fidélité.
Que les hommes font fouvent injuf-
tes dans le jugement qu'ils portent
fur la vertu des femmes ! s'ils vouloient·
remonter aux caufes, ils trouveroient
que c'eft prefque toûjours la faute des
maris, fi elles donnent dans le travers.

FIERTÉ.

La fierté eft le fentiment de fes
avantages : elle apporte dans le commerce de la fociété une confiance
raifonnable ; & elle ne devient condamnable, que lorfqu'il s'y mêle un
fentiment de hauteur ou de dédain.

FIN, *Voyez* BUT,

FINANCE,

La finance d'un état eft fes revenus. Elle doit attirer les premiers
foins du miniftere ; c'eft par elle qu'un
Etat fe conferve, & parvient à ce
point de fplendeur & de puiffance,

qui le rend redoutable à ſes voiſins : c'eſt au ſage Miniſtre à examiner, pour l'entretenir & l'augmenter, les moyens qui ſont le moins onéreux au Peuple.

FINESSE.

La fineſſe de l'eſprit eſt une vive pénétration, qui va chercher dans les choſes ce qu'il y a de plus caché, & qui rapproche les rapports qui paroiſſent les plus éloignés.

Cette qualité vient de l'étendue de l'eſprit, qui embraſſe d'un coup d'œil les différentes faces d'un objet ; & elle s'exerce ſur les choſes d'agrémens ; car lorſque la pénétration s'applique aux choſes de raiſonnement, elle change de nom : & ce qu'on nomme fineſſe par rapport à l'imagination, s'appelle profondeur en ce qui regarde la réflexion. *Voyez* Profondeur.

FLATTERIE.

La flatterie eſt l'art de ſéduire par

de fauſſes loüanges, & par des complaiſances baſſes. C'eſt la reſſource des fripons, & des gens ſans mérite.

FOIBLESSE.

La foibleſſe eſt l'effet de la fragilité. *Voyez* Fragilité.

FOLIE.

La folie eſt l'aliénation de l'eſprit ; c'eſt ſouvent l'effet de la maladie ou des paſſions, qui dérangent l'œconomie animale. *Voyez* Manie.

FORCE.

La force eſt une vigueur de l'ame qui réſiſte aux obſtacles. Elle renferme le courage, la fermeté, & la patience. *Voyez* Patience & Courage.

La fermeté eſt une conſtance à ſuivre nos projets, malgré toutes ſortes d'obſtacles. Elle n'eſt vertu que dans les entrepriſes juſtes & raiſonnables.

La force de l'eſprit, dit M. *de Vauvenargue*, eſt le triomphe de la réflexion : c'eſt un inſtinct ſupérieur aux paſſions, qui les calme & qui les poſſéde à ſon gré. On ne peut pas ſavoir d'un homme, qui n'a pas les paſſions ardentes, s'il a de la force d'eſprit : il n'a jamais été dans des épreuves aſſez difficiles.

La force dans l'expreſſion, vient de celle du ſentiment ; elle ſe caractériſe par le tour de l'expreſſion.

FORFAIT.

Les forfaits ſont des grands crimes. *Voyez* Crimes.

Quelque crime toûjours précede les
    grands crimes.
Quiconque a pû franchir les bornes lé-
    gitimes,
Peut violer enfin les droits les plus ſa-
    crés.
Ainſi que la vertu le crime a ſes dégrés ;
Et jamais on n'a vû la timide innocence
Paſſer ſubitement à l'extrème licence.

Racine.

FORTUNE.

La fortune d'un homme est l'état de ses richesses. *Voyez* Richesses.

FOURBERIE.

La fourberie est l'art de tromper avec ruse.

FRAGILITÉ.

La fragilité est le penchant du tempérament, qui force, pour ainsi dire, nos actions, malgré les efforts de la raison qui s'y oppose ; elle entraîne notre volonté, plutôt qu'elle ne la détermine : c'est pourquoi elle est en quelque sorte excusable ; car il est constant que nous pourrions vaincre nos penchans , si la passion ne les entretenoit par une lâche complaisance. La fragilité qui naît des besoins de la nature, mérite seule notre indulgence.

FRANCHISE.

La franchise est l'expression naïve de nos pensées; elle differe de la sincérité par les idées accessoires de simplicité & d'innocence qu'elle renferme. *Voyez* Sincérité.

FRIAND. GOURMAND.

Le friand est celui qui aime les bons morceaux ; le gourmand est celui qui mange beaucoup : l'un cherche la qualité, & l'autre la quantité. Le friand annonce ordinairement de l'esprit, de la délicatesse, & de la volupté : le gourmand n'a que de la sensualité.

FRIPONNERIE.

La friponnerie est un penchant au vol, qui nous vient ordinairement de la paresse.

FRIVOLITÉ.

La frivolité est le goût de la bagatelle ; c'eſt la marque de peu d'eſprit.

Un homme qui a des vûes d'intérêt, affecte quelquefois d'être frivole, vis-à-vis des perſonnes qui le ſont, afin de gagner leur confiance & leur amitié ; car nous n'aimons que les gens que nous croyons qui nous reſſemblent, & auxquels notre imagination prête ſouvent nos bonnes, ou nos mauvaiſes qualités.

FRUGALITE'.

La frugalité eſt l'amour de la ſimplicité dans le boire & le manger. Elle ſe contente de la nourriture que la nature nous fournit, ſans rechercher l'apprêt & la délicateſſe que l'art de la cuiſine moderne a inventé. Elle differe de la ſobriété, en ce que celle-ci regarde la quantité des alimens : la frugalité eſt oppoſée à la friandiſe, & la ſobriété à la gourmandiſe.

G.

GAIETÉ.

La gaieté eſt un ſentiment de complaiſance dans nos poſſeſſions. Il naît de la conſidération de leur utilité relativement à nous.

La gaieté différe de la joie, en ce qu'elle eſt moins vive, & qu'elle eſt le fruit de la réflexion, au lieu que la joie eſt l'effet du tempérament. *Voyez* Joie.

GALANTERIE.

La galanterie eſt l'art de ſéduire par la loüange & la coquetterie.

La galanterie n'eſt gueres connue qu'en France, où la mode, qui influe ſur les mœurs, fait conſiſter la gloire d'un ſexe dans ce qui fait la honte de l'autre, dans la fureur des bonnes fortunes.

La galanterie differe de l'amour, en ce que celui-ci eſt un beſoin du

cœur, & l'autre un vice de l'esprit.
Cependant la galanterie n'est pas
toûjours un vice : on se sert quelquefois de ce terme, pour exprimer le
penchant qu'un sexe a pour un autre ; penchant épuré par l'esprit, &
qui n'a pour objet que le commerce
délicat des sentimens, plus vif d'un
sexe à un autre , que celui qu'on
voit entre les personnes d'un même
sexe.

Ce commerce est propre à polir
l'esprit, & à former le cœur : mais il
conduit quelquefois à l'amour, qui,
comme je l'ai déja dit, est un bien
ou un mal, suivant sa nature & son
objet.

GÉNÉROSITÉ.

La générosité est le sacrifice de
l'intérêt personnel au bien des autres :
c'est la réflexion qui la fait naître en
nous.

La générosité diffère de la libéralité, en ce qu'elle est la cause dont

cette

cette derniere n'est que l'effet. *Voyez* Libéralité.

Un homme véritablement géné-reux n'a en vûe que le plaifir d'o-bliger, ce qu'il fait fouvent fans fe faire connoître : celui qui n'oblige que dans quelque vûe d'intérêt, foit de récompenfe, ou de reconnoiffan-ce n'eft plus généreux. La récompen-fe du généreux eft au fond de fon cœur.

GÉNIE. *Voyez* Efprit.

Les Arts & les Sciences ont leur génie, auffi bien que les Belles-Let-tres : c'eft l'invention & un certain caractere original, qui font connoî-tre le génie.

GLOIRE.

La gloire eft l'éclat que fait la ré-putation. La plûpart des hommes la regardent comme arbitraire ; les uns l'attachent aux petits talens, d'au-tres aux grands, quelques-uns la font confister dans les actions de fermeté; enfin, chacun la place dans les chofes qui ont le plus de rapport à lui, dans les chofes qui nous environnent, comme le luxe & les richeffes, l'efprit & les talens : mais la véritable, la folide gloire prend fa fource dans l'amour des hommes, & doit être la récompenfe du mérite & de la vertu, quoiqu'elle foit fouvent le partage de ceux qui ont les défauts brillans.

La gloire eft un bien, puifqu'elle nous attire la confidération, le refpect & l'eftime, lorfqu'elle eft fondée fur la vertu : on doit faire fes efforts pour la mériter : mais on doit fe confoler, lorfque l'on ne peut pas l'obtenir, lorfque l'envie, la malignité & l'injuftice nous la refufent.

GOURMAND. *Voyez* Friand.

GOUST.

Le goût eft un efpece d'inftinct, qui nous découvre dans l'inftant, &

dns le secours de la réflexion, le bon & le beau des ouvrages d'agrément. Il ne juge que des choses sensibles ; & c'est en quoi il diffère du jugement, qui s'étend sur tout, mais dont les décisions ne sont pas toûjours aussi justes que celles du goût.

Le goût naît d'une heureuse disposition des organes, & se perfectionne par la lecture des bons livres, & la connoissance des belles choses.

Goût. Le goût, dit M. *Du Clos*, est un heureux don de la nature, qui se perfectionne par l'étude & par l'exercice. Il apperçoit d'un coup d'œil les défauts & les beautés d'un ouvrage ; il les compare, il les apprécie, & les juge : mais cet examen & ce jugement sont si fins & si prompts, qu'ils paroissent plûtôt l'effet du sentiment, que de la discussion.

GOUVERNEMENT.

Le gouvernement politique se divise en plusieurs espèces, dont le despotique, l'état républicain & le monarchique, sont les principales.

L'état républicain est démocratique, comme Luques, Raguse, &c. ou aristocratique, comme Venise, Gênes, &c. ou l'un & l'autre ensemble, comme les Provinces Unies.

Le gouvernement monarchique est dépendant des lois de l'état, à la différence du despotisme qui est indépendant ; il est souvent mêlé d'aristocratie, comme la Pologne ; & quelquefois d'aristocratie & de démocratie tout ensemble, comme le gouvernement d'Angleterre. *Voyez* Ces différens gouvernemens à leur place.

GRANDEUR D'AME.

La grandeur d'ame est un instinct élevé de l'ame, qui nous porte au beau, au grand, à l'honnête, & nous inspire le mépris des biens faux & périssables. Ennemie de la paresse, elle nous donne l'émulation, source des talens, & la fermeté nécessaire pour exécuter les grandes choses.

Elle brille davantage dans un rang

élevé : mais elle peut se trouver dans
le peuple. Elle éclate dans le maintien, par la décence ; dans les manieres, par la noblesse & les graces ; dans les discours les plus indiffé-
rens, par des nuances fines & délicates. Elle nous fait respecter, quand
elle est accompagnée de bonté & de
douceur : mais elle nous fait haïr, &
devient hauteur, si elle n'est pas tem-
pérée par ces vertus. Dans les grands,
elle embellit le faste, elle réprime la
sotte vanité qu'excitent les richesses,
elle impose par un mélange de gravité & d'enjoüement, d'indulgence
& de sévérité ; elle méprise les flateurs, loüe, aime le mérite dans les
autres, excite les talens, & ne craint,
ni les dangers, ni les peines, ni même
les supplices.

La véritable grandeur d'ame a sa
source dans le cœur, elle est le fruit
de l'éducation & de la réflexion, au
moins autant que l'effet d'un heureux tempérament : c'est dans l'ad-

verfité que la grandeur d'ame brille le plus.

> Souvent le courage héroïque
> N'eft qu'un fantôme chimérique
> Que foûtient la profpérité.
> Et fi l'or s'éprouve à la flamme,
> La véritable grandeur d'ame
> S'éprouve dans l'adverfité.

Recueil de l'Académie Françoife, année 1715.

G R A C E S.

Les graces font des agrémens qui accompagnent notre maintien, nos difcours & nos actions. Elles confiftent dans le rapport des attitudes, des geftes, des expreffions, des penfées, avec la fin qu'on fe propofe : elles renferment une idée de douceur.

G R A V I T E'.

La gravité dans le maintien, eft un air férieux & concerté, qui femble exiger du refpect. Elle paroît nécessairement attachée aux dignités, aux places, aux emplois, qui demandent de la représentation : partout ailleurs elle devient ridicule.

GRONDEUR.

Le grondeur est celui qui est toûjours mécontent des autres, & qui les reprend sans sujet : cette disposition vient du tempérament mélancolique.

GROSSIERETÉ.

La grossiereté est un défaut de politesse, qui se trouve dans ceux dont l'esprit n'a pas été cultivé : c'est quelquefois aussi un vice du tempérament, qui est accompagné de brusquerie, & qu'on remarque dans ceux en qui l'humeur domine.

On entend aussi par grossiereté, un défaut de délicatesse : ce défaut a la même origine que l'autre, la mauvaise éducation.

GUERRE.

La guerre eft la maniere de termi-
ner par la voie des armes, les différens qui s'élevent entre les Etats. C'eft
un mal qui naît fouvent de l'ambition
des Princes, & quelquefois de l'intérêt
de l'Etat, & qui pour lors devient
néceffaire pour en éviter un plus
grand.

Il faut pour éviter la guerre, être
toûjours en état de la faire, avoir
un certain nombre de troupes bien
difciplinées, des munitions & de
l'argent toûjours prêts au befoin.

L'efprit militaire qui caufe l'ag-
grandiffement d'un état, produit indubitablement fa ruine dans la fuite,
parce qu'il infpire l'efprit de domination ; & que l'efprit de domination excite la crainte, la haine & l'envie de nos voifins, & qu'enfin tôt ou
tard on en eft la victime. La juftice
jointe à la force, eft le plus ferme
foûtien d'un Etat.

H.

HABITUDE,

L'habitude est un penchant qui nous porte à agir d'une maniere constante & uniforme : c'est la répétition des mêmes actes qui la forme en nous, & c'est l'éducation qui nous la donne.

L'habitude a quelquefois le pouvoir de changer la nature, ou du moins de l'affoiblir beaucoup.

HAINE.

La haine est un sentiment d'averfion ; c'est un éloignement que nous reffentons pour tout ce que nous regardons comme un mal , & qui nous porte à le fuir.

La haine est presque toûjours un mouvement aveugle qui nous entraîne , & qui prévient tout raifonnement : le vice feul mérite notre haine.

Haine. La haine changée en Euménide, dit le Fere *Brumoi*, fut jadis une paſſion utile & exemte de fureur. L'amour iſſu du chaſte ſein de la nature innocente, reſpiroit un air pur. Né pour chercher la félicité ſuprème, pour ſe nourrir de la vertu, & pour puiſer dans ſa ſource, il ne laiſſa pas de s'écarter de ſa route, d'être ſéduit par des beautés mortelles, & d'engluer ſes aîles, faites pour l'élever aux Cieux : il en fut ainſi de la haine. Ses mœurs furent d'abord auſſi pures que ſon origine. Née pour éviter les maux, pour haïr le vice, pour conſerver les vertus, elle eut elle-même un air de vertu. Avant que ſa pureté fût entierement altérée, elle ſervit à épouvanter les tyrans, à châtier ſéverement les hommes vicieux, à livrer les ſcélérats aux furies vengereſſes, & à marquer le crime d'une ineffaçable noirceur. Mais comme il eſt écrit que tout dégénere, elle vint à dégénérer comme l'amour même. La ſcélérateſſe qui ſe cachoit vainement à ſes yeux ſous les lambris dorés, redoutoit ſes regards, juſques ſur le throne : elle la vit depuis ſans frémir. Elle ceſſa de punir le crime. Elle flata les coupables. Elle réſerva toute ſon averſion pour la vertu qu'elle avoit aimée, & pour les hommes vertueux qu'elle avoit vengés. Ce fut peu pour elle de s'attacher aux mortels. Elle oſa défier

Dieux mêmes. Guerre impie, commencée par l'exécrable témérité des Géans, &
poursuivie par des insensés qui firent gloire
de surpasser les Titans en audace. La haine
devint une Tisiphone. Elle évoqua du Co-
cyte tous les monstres infernaux. Elle en
tira des morts inconnues jusqu'alors, glaives recourbés en faulx, pierriers, ballistes,
flèches acérées, foudres d'airain, fusils ar-
més de bayonnettes, & cent arts plus dé-
testables encore ; secrets funestes, paroles
subtiles, poisons subtils, que l'épouse
prépare à son époux, pour agir par dégrés
jusqu'au moment prescrit ; incendies de
procès que rien ne peut éteindre, traits en-
venimés que la langue décoche à coup sûr ;
discordes invétérées de familles, que l'ayeul
laisse à ses derniers neveux, querelles qu'un
sang coupable fomente & perpétue ; taches
immortelles dont on flétrit des noms res-
pectés, écrits sanglans, morsures cruelles,
ignominies affreuses, guerre & duels que
la mort ne termine pas. C'est sous les aus-
pices de la haine, que parurent la trahison
au teint pâle, & la calomnie au ris équivo-
que. Voyez ces furies aiguiser dans leurs
dents le trait qu'elles destinent à un ennemi
absent. Voyez l'envie avec sa démarche
tremblante, son col penché, son œil obli-
que, & ses regards errans & courroucés.
Elle tue, elle empoisonne de la vûe, com-

me le Basilic : mais ne croyez pas, que ni elle, ni ses deux autres sœurs fassent toûjours voir leurs têtes entourées de serpens. Non, l'envie ne se montre pas aux mortels, comme elle se montra jadis à Minerve : elle a soin de cacher sous le fard & sous des cheveux empruntés, sa maigreur & son air hideux. Elle affecte un ris concerté, & des graces peu naturelles pour séduire. Savante dans l'art politique des éloges ambigus, elle en donne aux talens & aux succès : elle endort & flate ceux qu'elle veut perdre. Puis de la main qui les caresse sortent des griffes horribles, qui déchirent impitoyablement leur proie : de-là les pleurs amers. Ce sont les mets dont se repaissent les trois furies.

HASARD.

Le hasard est tout ce qui arrive sans cause, & comme ne pouvant pas arriver ; c'est un être de raison qu'on ne peut pas concevoir. Epicure & ses disciples le regardoient comme le principe de tout ce qui existe : heureusement ce système, qui est dangereux pour la morale, n'a pas fait fortune : la raison nous a démontré qu'un être fouverainement intelligent pouvoit feul avoir créé, & pouvoit feul conferver tout ce qui eft dans l'univers.

HAUTEUR.

La hauteur eft le fentiment de la fupériorité que l'on croit avoir fur les autres, & qu'on leur témoigne fans ménagement pour leur amour-propre ; c'eft une fierté ridicule que nous infpirent la naiffance, les talens, les avantages de la nature & de la fortune, dont nous nous glorifions pour abaiffer les autres. Elle vient de la bonne opinion qu'on a de foi-même, & du mépris d'autrui.

HÉROISME.

L'héroifme eft la pratique d'une vertu éminente ; il prend fa fource dans la grandeur d'ame, & s'étend fur tous les genres de vertu, quoique communément on ne l'emploie que pour fignifier ce courage brillant,

cette valeur qui méprise les périls &
la mort même. Un infortuné qui
souffre patiemment les revers de la
fortune, ou qui s'immole au bien de
l'état, de sa famille ou de ses amis,
est plus héros que celui qui affronte
les dangers.

HYPOCRISIE.

L'hypocrisie est le masque de la
vertu ; c'est l'affectation de la piété,
ou des vertus qu'on n'a pas. Ce vice
prend sa source dans l'esprit.

> L'hypocrite en fraudes fertile,
> Dès l'enfance est paîtri de fard ;
> Il fait colorer avec art
> Le fiel que sa bouche distille :
> Et la morsure du serpent
> Est moins aiguë & moins subtile,
> Que le venin caché que sa langue répand.

Rousseau.

HOMME.

L'homme est un composé des qualités les plus opposées ; c'est un assem-

...blange de vices & de vertus, de forces & de foiblesses, de grandeurs &
de petitesses, d'intelligence & de stupidité : mais enfin tel qu'il est, il est
plus foible que méchant ; & à ce titre, il mérite plus notre compassion,
que notre haine. *Voyez* Femme.

Quel mélange étonnant ! quel étrange
    problème !
En lui que de lumiere, & que d'obscurité !
En lui quelle bassesse, & quelle majesté !
Il est trop éclairé pour douter en scepti-
    que,
Trop foible pour s'armer de la vertu
    stoïque.
Seroit-il en naissant au travail con-
    damné ?
Aux douceurs du repos seroit-il destiné ?
Tantôt de son esprit admirant l'excel-
    lence,
Il pense qu'il est Dieu, qu'il en a la
    puissance ;
Et tantôt gémissant des besoins de son
    corps,
Il croit que de la brute, il n'a que les
    ressorts.
Ce n'est que pour mourir qu'il est né,
    qu'il respire :

Et toute sa raison n'est presque qu'un
    délire.
S'il ne l'écoute point, tout lui devient
    obscur :
S'il la consulte trop, rien ne lui paroît
    sûr :
Cahos de passions & de vaines pensées ;
Admises tour à tour, tour à tour re-
    poussées ;
Dans ses vagues désirs, incertain, in-
    constant,
Tantôt fou, tantôt sage, il change à cha-
    que instant ;
Egalement rempli de force & de foi-
    blesse ;
Il tombe, il se relevé, & retombe sans
    cesse.
Seul il peut découvrir l'obscure vérité,
Et d'erreur en erreur il est précipité.
Créé maître de tout, de tout il est la
    proie ;
Sans sujet il s'afflige, ou se livre à la
    joie ;
Et toûjours en discorde avec son propre
    cœur,
Il est de la nature & la honte & l'honneur.
Va, sublime mortel, fier de ton excel-
    lence ;
Ne crois rien d'impossible à ton intelli-
    gence,
Le compas à la main mesure l'univers,
                              Régle

Regle à ton gré le flux & le reflux des
    mers ;
Fixe le poids de l'air , & commande aux
    Planetes ;
Détermine le cours de leurs marches se-
    cretes ;
Soûmets à ton calcul l'obscurité des tems,
Et de l'astre du jour conduis les mouve-
    mens.
Va, monte avec Platon jusques à l'em-
    pyrée,
Cherche la vérité dans sa source sacrée ;
Et joignant la folie à la témérité,
Plonge-toi dans le sein de la Divinité ;
Dans ton aveugle orgueil instruis l'Etre
    suprême,
Apprends à gouverner à la sagesse même :
Et déchû de l'espoir qui séduisoit ton
    cœur,
Rentre dans ton néant, rougis de ton
    erreur.
    Des célestes esprits la vive intelligence
Regarde avec pitié notre foible science.
Newton, le grand Newton, que nous
    admirons tous,
Est peut-être pour eux, ce qu'un Singe
    est pour nous.
    Toi, qui jusques aux Cieux oses porter
    ta vûe,
Qui crois en concevoir & l'ordre & l'é-
    tendue,

M

Toi, qui veux dans leurs cours leur pref-
crire la loi,
Sais-tu régler ton cœur, fais-tu régner
fur toi ?
Ton efprit, qui furtout vainement fe fatigue,
Avide de favoir, ne connoît point de
digue :
De quoi par fes travaux s'eft-il rendu
certain ?
Peut-il te découvrir ton principe & ta
fin ?

Pope.

HONNÊTETÉ.

L'honnêteté eft une maniere d'a-
gir fuivant les lois de la pudeur ; elle
differe de la bienféance, en ce qu'elle
eft d'une fignification moins étendue.

HONNEUR.

L'honneur eft le defir de s'avancer
par toutes les chofes de convention,
qui nous font réuffir dans le monde :
c'eft le fantôme de la vertu ; il fe pare
des qualités qu'elle poffede.

L'honneur eft le principe des actions dans l'état monarchique ; il nous attire souvent la considération par les mêmes choses qui devroient nous l'ôter. N'est-il pas bien singulier qu'on ait attaché l'honneur d'un sexe à ce qui le fait perdre à l'autre ? L'honneur est le principe le plus faux, & à la honte de la raison l'aiguillon le plus puissant, pour nous exciter aux grandes actions, par l'espoir des récompenses de la fortune, des honneurs & de la gloire.

HONTE.

La honte est le sentiment intérieur d'une action ou d'une pensée qui blesse l'honnêteté ; c'est un témoignage de la conscience qui nous condamne : elle se manifeste aux autres par une rougeur subite.

La honte est aussi quelquefois causée par la crainte du blâme, & l'ignorance des usages établis dans la société. C'est le défaut des jeunes gens qui entrent dans le monde.

HUMANITÉ.

L'humanité est l'amour des hommes ; c'est un sentiment de bienveillance qui nous excite à faire leur bonheur, soit par nos conseils, soit par notre exemple, ou nos bienfaits : c'est le principe du bien moral.

L'humanité est le fruit d'une bonne éducation, & d'un amour-propre éclairé, qui raisonne sur ses véritables intérêts : c'est aussi souvent l'effet d'un heureux tempérament. Les personnes qui joüissent d'une façon d'exister agréable, sont naturellement portées à l'amour de l'humanité : l'effet du bonheur est de chercher à se communiquer.

HUMEUR.

L'humeur est la qualité dominante du tempérament ; mais souvent on entend par ce terme, cette disposition du tempérament mélancolique, qui nous porte à la tristesse & à l'antipathie.

HUMILITÉ.

L'humilité est le sentiment de l'imperfection de notre être, qui nous porte à nous abaisser : c'est l'effet du tempérament mélancolique.

L'humilité est aussi une vertu chrétienne, qui nous fait sentir notre néant devant Dieu.

L'humilité differe de la modestie, en ce que celle-ci se contente de ne point s'élever, & celle-là se plaît même à se rabaisser.

I.

JALOUSIE.

La jalousie est un vif sentiment de crainte, qui accompagne la poursuite d'un bien qu'on nous dispute, ou la joüissance de celui qu'on veut nous enlever.

C'est moins la défiance que nous

ferions fouvent fondés d'avoir pour nous-mêmes, qui fait naître la jalou-fie, que la mauvaife opinion que nous avons des perfonnes de qui dé-pend ce qui fait l'objet de nos de-firs, ou de notre joüiffance ; cepen-dant quelque déguifement qu'emploie l'amour - propre pour fe cacher ce qui l'humilie, avec un peu de retour fur nous-mêmes, nous ferons obligés de convenir que la défiance de nous-mêmes y entre pour beaucoup : & que la jaloufie n'eft qu'un fecret aveu du peu que nous valons. L'exemple des vieillards & des perfonnes laides & de peu d'efprit, qui font plus portés à la jaloufie que les autres, appuie cette réflexion.

La jaloufie eft un vice de l'efprit : elle eft non-feulement inutile ; mais elle eft même nuifible à celui qu'elle poffede.

Quiconque eft foupçonneux invite à le trahir.

Voltaire.

IDÉES.

Les idées font les fignes qu'on a attachés à chaque objet, pour le reconnoître & le diftinguer des autres.

Les fignes font compofés de fyllabes, les fyllabes font compofées de lettres. Ces fortes de fignes s'appellent mots : ainfi l'idée eft la fignification d'un terme ; c'eft le nom qu'on a donné à une chofe, c'eft le figne qui la repréfente.

Toutes les idées fimples nous viennent des fens ; les idées compofées, qui font autant de fignes qui nous repréfentent les opérations de l'efprit, nous viennent de la réflexion ; c'eft ce qu'on appelle notion. Les idées fimples font les fignes qui nous repréfentent les objets fenfibles. Il y a long-tems qu'on regarde les idées innées comme la chimere des Philofophes.

Idée. Nos idées, dit le *Marquis Dargens*, s'acquierent par notre propre expérience, ou par les leçons que nous recevons. Lorsque les choses nous sont présentes, alors nous faisons usage de nos sens, pour éprouver & expérimenter quelles elles sont, comme par la vûe nous distinguons les couleurs, & par l'oüie les différens sons : mais si les choses sont absentes & éloignées, nous apprenons par autrui quelles elles sont, soit par les discours qu'on nous fait, soit par la lecture des Livres. Cependant, les idées que nous acquérons par nos propres sens, sont beaucoup plus parfaites, que celles que nous formons sur le récit d'autrui ; car l'idée que nous recevons par une chose qui tombe sous nos sens, est l'idée de la chose même : au lieu que celle que nous recevons sur la description qu'on nous en fait, est plûtôt l'idée de cette description, que de la chose même. Aussi voyons-nous qu'après avoir entendu ou lû quelque chose, nous en avons bien véritablement une idée que nous conservons : mais si le hasard vient à nous présenter cette chose réellement, l'idée que nous en concevons est bien plus juste, & se trouve différente de la premiere. Notre esprit s'attache plus à la représentation réelle d'une chose, qu'au simple récit qu'on nous en fait. L'idée qui nous vient directement par nos propres sens, est originale, & l'autre n'est qu'une copie, qui souvent est informe & fautive, suivant la personne ou le Livre dont nous l'avons reçûe. La prudence veut qu'avant que de fonder notre croyance sur ces idées, nous examinions si elles n'ont rien de contraire aux notions évidentes, que nous recevons par nos propres sens.

JEUNESSE. *Voyez* Age.

IGNORANCE.

L'ignorance est opposée à la science. *Voyez* Science.

L'ignorance est une des sources de nos erreurs ; & par conséquent l'ennemie la plus redoutable qui s'oppose à notre bonheur.

Ignorance. Les causes de notre ignorance, dit M. le *Marquis Dargens*, procedent donc premierement du manque de nos idées ; secondement, de ce que nous ne pouvons découvrir la connexion qui est entre les idées que nous avons ; troisiemement, de ce que nous ne réfléchissons point assez sur nos idées ; car si nous considérons en premier lieu, que les notions que nous avons par nos facultés, n'ont aucune proportion avec les choses mêmes, puisque nous n'avons pas une idée claire & distincte de la substance même, qui eſt le fondement de tout le reſte, nous reconnoîtrons aiſément combien peu nous pouvons avoir de notions certaines : & ſans parler des corps qui échappent à notre connoiſſance, à cauſe de leur éloignement, il y en a une infinité qui nous ſont inconnus à cauſe de leur petiteſſe. Or, comme ces atomes, ou parties ſubtiles qui nous ſont inſenſibles, ſont parties actives de la matiere, & les premiers matériaux dont elle ſe ſert, & deſquels dépendent les ſecondes qualités, & la plûpart des opérations naturelles, nous ſommes obligés, par le défaut de leur notion, de reſter dans une ignorance invincible, de ce que nous voudrions connoître à leur ſujet, nous étant impoſſible de former aucun jugement certain, n'ayant de ces premiers corpuſcules aucune idée préciſe & diſtincte.

S'il nous étoit poſſible de connoître par nos ſens ces parties déliées & ſubtiles, qui ſont les parties actives de la matiere, nous diſtinguerions leurs opérations méchaniques, avec autant de facilité, qu'en a un Horloger pour connoître la raiſon par laquelle une montre va ou s'arrête. Nous ne ſerions point embarraſſés d'expliquer, pourquoi l'argent ſe diſſout dans l'eau forte, & non point dans l'eau regale, au contraire de l'or qui ſe diſſout dans l'eau regale, & non pas dans l'eau forte. Si nos ſens pouvoient

assez aigus, pour appercevoir les parties actives de la matiere, nous verrions tra-
vailler les parties de l'eau forte sur celles
de l'argent ; & cette méchanique nous seroit
aussi facile à découvrir, qu'il l'est à l'Horloger de savoir comment, & par quel
ressort se fait le mouvement d'une pendule.
Mais le défaut de nos sens ne nous laisse
que des conjectures, fondées sur des idées,
qui peut-être sont fausses, & nous ne pouvons être assurés d'aucune chose sur leur
sujet, de ce que nous pouvons en apprendre par un petit nombre d'expériences, qui
ne réussissent pas toûjours, & dont chacun
explique les opérations sécrettes à sa fan-
taisie.

La difficulté que nous avons de trouver
la connexion de nos idées, est la seconde
cause de notre ignorance. Il nous est impossible de détruire en aucune maniere, les
idées des qualités sensibles que nous avons
de l'esprit, d'aucune cause corporelle, ni
de trouver aucune correspondance ou liaison entre ces idées, & les premieres qualités qui les produisent en nous : l'expérience
nous démontre cette vérité. Il nous est encore impossible de concevoir que la pensée
puisse produire un mouvement dans un
corps, & que le corps puisse à son tour produire la pensée dans l'esprit. Nous ne pouvons pénétrer comment l'esprit agit sur la

matiere, & la matiere fur l'efprit : la foibleſſe de notre entendement ne ſauroit
trouver la connexion de ſes idées, & le ſeul
ſecours que nous ayons, eſt de recourir à
un agent tout-puiſſant & tout ſage, qui
opere par des moyens que notre foibleſſe ne
peut pénétrer.

Enfin, notre pareſſe, notre négligence,
& notre peu d'attention à réfléchir, ſont
auſſi des cauſes de notre ignorance. Nous
avons ſouvent des idées completes, deſ-
quelles nous pouvons aiſément découvrir la
connexion : mais faute de ſuivre ces idées,
& de découvrir & de trouver les notions
moyennes qui peuvent nous apprendre
quelle eſpece de convenance, on de diſ-
convenance elles ont entr'elles, nous reſ-
tons dans notre ignorance.

IMAGINATION.

L'imagination eſt une faculté de
l'eſprit, qui reçoit l'impreſſion des
objets que les ſens lui tranſmettent.
Elle vient de la perfection des organes, & de la juſte tenſion des fibres ;
quand cette tenſion eſt trop forte,
ſemblable à un inſtrument qui crie,
l'imagination reçoit une émotion trop

violente : & de-là naissent les manies.
Beau sujet de s'enorgueillir ! Cette
vive, cette riante imagination si féconde en agrémens, qui fait les charmes de la société, qui subjugue les
cœurs par son éloquence, est de toutes les qualités de l'esprit la plus voi-
sine de la folie. C'est ce qui a donné
lieu à ce proverbe : *les Musiciens, les
Peintres & les Poëtes sont foux* ; il est
certain du moins que l'exercice forcé
qu'on donne à l'imagination peut
l'égarer : & c'est ce qui fait que les
solitaires, les fainéans, & les gens
trop livrés à leur imagination, deviennent ordinairement foux.

Nec semper arcum tendit Apollo.

IMBÉCILLITÉ.

L'imbécillité est un manque d'esprit, défaut qui vient du vice des
organes. C'est une chose irréparable
& indifférente de sa nature ; car elle
n'est ni bien ni mal pour l'imbécille

qui ne ſent pas la privation de ce qui lui manque. Elle peut devenir un mal, relativement à l'intérêt des autres, & aux effets qu'elle produit.

IMPATIENCE.

L'impatience eſt un vif ſentiment de déſir, qui s'annonce par le trouble & l'agitation. Elle prend ſa ſource dans le tempérament. Les perſonnes qui ont l'imagination vive & le ſang bouillant, ſont ordinairement impatientes.

IMPERTINENT.

On dit d'un homme qu'il eſt impertinent, lorſqu'il tient à quelqu'un des propos durs & offençants.

L'impertinence eſt l'effet du mépris, ou de la haine, ou de l'humeur : elle ne ſert qu'à nous faire haïr.

IMPRUDENCE.

L'imprudence eſt oppoſée à la prudence. *Voyez* Prudence.

IMPUDENT. EFFRONTÉ.

L'impudent est celui qui blesse les lois de la pudeur & de l'honnêteté, & qui n'en rougit point : l'effronté est celui qui en fait gloire.

L'impudence & l'effronterie, font des vices de l'esprit, & souvent le fruit d'une éducation négligée.

IMPOLITESSE.

L'impolitesse est opposée à la politesse. *Voyez* Politesse.

IMPOSTURE.

L'imposture est le masque de la vérité, l'imposteur s'en sert pour tromper.

INCERTITUDE.

L'incertitude est opposée à l'évidence. *Voyez* Evidence.

L'incertitude est aussi un doute sur ce qui doit arriver. Les événemens dépendans de la morale sont toûjours

incertains : il n'y a que les effets physiques qu'on puisse prévoir avec certitude.

INCIVILITÉ.

L'incivilité est opposée à la civilité. *Voyez* Civilité.

INCLINATION.

L'inclination n'est pas comme on
croit un penchant aveugle qui nous
entraîne malgré nous ; c'est une détermination libre de la volonté, qui
nous porte à rechercher la joüissance
d'une chose, que nous regardons
comme un bien ; car en réfléchissant
sur nos sensations, nous en reconnoîtrons aisément la cause, nous verrons que toute inclination est fondée
sur l'opinion que nous prenons des
choses, & sur le rapport qu'elles ont
avec nous, plutôt que sur leur propre mérite : l'exemple fera mieux sentir ce que je dis.

J'entre dans une compagnie, il y a
cinq

cinq ou six perſonnes ; j'en trouve une
que je préfere d'abord ; j'en cherche
la cauſe, & je trouve que les traits
de ſa phyſionomie m'annoncent les
qualités de l'ame, qui ont le plus de
rapport à celles de la mienne ; je l'en-
tends parler, ſes diſcours répondent
à l'idée que je m'en ſuis faite : voilà
qui eſt fini. Je l'aime.

Il n'y a point de ſenſation, dont
nous ne puiſſions rendre compte ſi
nous voulions réfléchir : mais le je
ne ſai quoi eſt bien plus commode
pour la pareſſe & l'ignorance. Il eſt
d'une reſſource infinie, pour ceux
qui ſont incapables de penſer, ou
qui ne veulent pas s'en donner la
peine.

INCONSTANT. *Voyez* Léger.

INCONTINENCE.

L'incontinence eſt oppoſée à la
continence. *Voyez* Continence.

N

INDÉCENCE.

L'indécence est opposée à la décence. *Voyez* Décence.

INDÉPENDANCE.

L'indépendance est cet état de liberté, qui nous laisse le pouvoir de suivre nos goûts, nos penchans & nos inclinations : pouvoir qui n'est limité que par les lois & la coûtume. *Voyez* Liberté.

INDIFFÉRENCE.

L'indifférence est l'état d'un homme qui n'est affecté de rien : c'est l'effet de la stupidité & la marque de peu d'esprit.

INDIGENCE. PAUVRETÉ.

L'indigence n'est point un mal, ce n'est que la privation d'un bien ; tout homme dans quelque condition qu'il soit, peut être indigent dès qu'il régle sa dépense sur sa vanité. L'indi-

gence n'est donc que la privation du
superflu, qui n'a point de bornes ; la
pauvreté comprend la privation de
bien des choses néceſſaires ; & la miſere, la privation de celles qui le ſont
le plus : & en cela c'eſt un mal, mais
qui eſt fort rare. Il n'y a de miſéra-
bles que les malades & les vieilles
gens ; toute perſonne qui peut tra-
vailler, trouve de quoi vivre : & dès-
lors n'eſt point miſérable. C'eſt ſouvent la pareſſe qui eſt la ſource de la
pauvreté & de la miſere ; & c'eſt prefque toûjours la diſſipation & le luxe,
qui cauſent l'indigence.

La pauvreté nous procure quelquefois un bien mille fois plus précieux
que les richeſſes, puiſqu'elle nous rend
certains que nous avons des amis.

Ni l'or ni la grandeur ne nous rendent
    heureux :
Ces deux divinités n'accordent à nos
    vœux
Que des biens peu certains, qu'un plaiſir
    peu tranquille.

Des foucis dévorans c'eft l'éternel afyle
Véritable vautour que le fils de Japet
Repréfente, enchaîné fur fon trifte fom-
    met.
L'humble toît eft exempt d'un tribut fi
    funefte,
Le fage y vit en paix & méprife le refte ;
Content de ces douceurs, errant parmi les
    bois,
Il regarde à fes piés les favoris des Rois.
Il lit au front de ceux qu'un vain luxe
    environne,
Que la fortune vend ce qu'on croit qu'elle
    donne.
Approche-t'il du but, quitte-t'il ce fé-
    jour ?
Rien ne trouble fa fin, c'eft le foir d'un
    beau jour.

La Fontaine.

INDIGNATION.

L'indignation eft un fentiment de haine mêlé de mépris.

INDISCRETION.

L'indifcrétion eft oppofée à la difcrétion. *Voyez* Difcrétion.

Indivisibilité.

L'indivisibilité est l'attribut de Dieu, des Anges & des Esprits : c'est ce qui n'a point de parties, & ce qui ne peut être conséquemment divisé.

Indocilité.

L'indocilité est une disposition de l'esprit, à rejetter les conseils qu'on lui donne. Elle naît de la présomption, & de la connoissance des avantages que nous avons sur les autres.

Indolence.

L'indolence est une disposition à la paresse, disposition qui vient du tempérament. Elle est l'effet d'une circulation lente, mais facile ; & il faut convenir que si cette disposition nuit à la fortune, elle est bien favorable au bonheur, qui consiste surtout dans la modération & dans la tranquillité.

INDULGENCE.

L'indulgence eſt une diſpoſition de l'eſprit, qui le porte à excuſer les fautes & les défauts des autres. Elle vient du tempérament ou de la réfléxion ; du tempérament dans les caracteres doux, de la réflexion dans ceux qui s'attachent à connoître les hommes. Plus nous avons de connoiſſance du cœur humain, & plus nous ſommes perſuadés que l'homme eſt plus foible que vicieux ; & qu'à ce titre il mérite plus notre compaſſion & nôtre indulgence, que notre haine & la rigueur de nos jugemens.

INDUSTRIE.

L'induſtrie eſt une qualité de l'eſprit, qui ſe manifeſte par l'invention dans les ouvrages, qui demandent une main d'œuvre : c'eſt le génie des Arts.

L'induſtrie renferme une idée de dextérité & de facilité dans l'exécution.

Les Anglois, les Allemands font plus induftrieux que les François, quant à l'invention : mais ces derniers font plus habiles dans l'exécution ; leur goût perfectionne, ce que l'induftrie des autres leur a fait inventer.

INÉGALITÉ.

L'inégalité eft une difpofition aux caprices ; les caprices font les effets de l'humeur ; l'humeur vient fouvent de l'intempérance, & d'un eftomac furchargé qui fatigue dans le travail de la digeftion. Tel homme qui eft doux, obligeant, affable, quand il eft à jeun, devient un monftre qu'on craint d'aborder lorfqu'il a mangé.

INEPTIE.

L'ineptie eft l'incapacité à toutes chofes. Cette difpofition n'eft pas naturelle, & vient de la pareffe qui fuit toute application : il n'y a perfonne qui ne foit propre à quelque chofe, la difficulté eft de découvrir ce quoi l'on eft propre. Combien voyons-nous tous les jours de gens, qui nous paroiffent inepts dans l'état qu'ils ont embraffé , qui feroient peut-être de grands hommes dans l'état pour lequel la nature leur a donné des difpofitions ! Ce n'eft pas toûjours le défir de faire telle & telle chofe qui la décide ; c'eft le genre de notre efprit, & de nos facultés.

INFAMIE.

L'infamie eft le châtiment du crime. C'eft un mal, en ce qu'il fuppofe la perte de la vertu , & qu'il nous attire le mépris des hommes.

INFIDÉLITÉ.

L'infidélité eft oppofée à la fidélité. *Voyez* Fidélité.

INGE'NUITE'.

L'ingénuité eft l'expreffion de l'innocence. *Voyez* Innocence.

INGRATITUDE.

L'ingratitude eſt l'oubli des bien-faits, elle eſt oppoſée à la reconnoiſ-fance. *Voyez* Reconnoiſſance.

INHUMANITÉ.

L'inhumanité eſt oppoſée à l'hu-manité. *Voyez* Humanité.

INJUSTICE.

L'injuſtice eſt oppoſée à la juſtice. *Voyez* Juſtice.

INNOCENCE.

L'innocence eſt cet état de l'en-fance, qui ne ſait pas encore ce que c'eſt que le bien & le mal. On entend auſſi par innocence cette précieuſe ſimplicité de mœurs, qui eſt le plus bel ornement de la vertu.

INQUIÉTUDE.

L'inquiétude eſt un déſir ſans ob-jet ; c'eſt une eſpece de méſaiſe qui n'eſt cauſée que par le ſentiment du beſoin , ou par la confuſion des idées. C'eſt ce qui fait que les perſonnes qui ont peu de connoiſſances, mais qui les ont bien diſtinctes, comme les femmes, par exemple, ſont moins inquietes, que ces hommes univerſels qui veulent tout ſavoir.

INSENSIBILITE'.

L'inſenſibilité eſt oppoſée à la ſenſibilité. *Voyez* Senſibilité.

INSOLENCE.

L'inſolence eſt une offenſe qu'on avoue, & dont on ſe glorifie ſouvent.
Inſolent ſe dit du diſcours, du maintien, & des actions.

INSIPIDE.

Un homme inſipide eſt un homme qui n'a point de caractere, & qui eſt toûjours de l'avis du dernier qui lui parle.

INSTINCT.

L'inſtinct eſt un mouvement ma-chinal de la nature, qui, dans les hommes, précede toûjours la réflé-xion. Il eſt commun à tous les ani-maux, & veille ſans ceſſe à leur conſervation.

On dit communément que l'inſtinct eſt plus ſûr que la raiſon : mais c'eſt une erreur ; puiſque ce ſont les ſens qui ſont l'organe de l'inſtinct, & que les ſens étant ſouvent trompeurs, l'inſtinct conſéquemment doit ſou-vent l'être auſſi.

Inſtinct. A peine le nouvel hôte, dit le Pere *Brumoi*, eſt-il entré dans l'édifice qui lui eſt deſtiné, que, ſans qu'il lui ſoit con-nu, ſans qu'il ſe connoiſſe lui-même, une ſecrete impulſion du corps l'avertit à coup ſûr de ce qui peut lui être avantageux ou nuiſible. Le plaiſir & la douleur font l'inſ-tinct. L'un annonce le bien ; & s'inſinuant juſques dans les moelles, ce tendre moni-teur perſuade à l'eſprit de chercher ce qui convient au corps. L'autre par un tact utile, fait ſentir la préſence du mal. Fuyez, s'écrie la douleur, l'ennemi n'eſt pas loin. A ces cris le corps obéit ſans peine ; il s'approche ou s'éloigne de l'objet, que l'inſtinct déclare dangereux ou attrayant. Ce n'eſt ni par un effort de réfléxion, ni par l'effet d'un art ſupérieur, que l'ame apprend à diſcerner & à ſuivre ces heureux avertiſſemens. Senſible au moindre ſigne, elle court où il l'appelle en faveur du corps : la nature eſt ſon guide.

La douleur & le plaiſir agiſſent ſur le cœur : de-là les paſſions. L'ame entend en elle-même un bruit ſourd qui s'éleve inſenſiblement, la tempête ſe prépare, & l'orage ſurvient. Tel un foible vent raſe la ſurface de l'Océan, l'aquilon murmure & s'accroît. L'agitation des flots augmente la ſienne. La nuit étend ſes aîles : d'épaiſſes ténébres dérobent le jour. Les vents oppoſés combattent, & l'horreur ſe répand au loin ſur les vaſtes mers.

INTE'GRITE'.

L'intégrité eſt le ſentiment & l'amour de la juſtice ; c'eſt une équité ſans tache.

INTELLIGENCE.

L'intelligence eſt la facilité de ſaifir les idées abſtraites. *Voyez* Entendement.

INTEMPÉRANCE.

L'intempérance eſt oppoſée à la tempérance. *Voyez* Tempérance.

INTENTION.

L'intention eſt la volonté, le déſir de faire telle ou telle choſe ; c'eſt elle qui fait le mérite des actions des hommes, autant & ſouvent plus que l'action même, qui n'eſt empêchée que par les obſtacles qui ſe rencontrent dans l'exécution.

INTÉREST.

L'intérêt eſt l'amour des richeſſes, c'eſt un des grands mobiles qui font agir les hommes.

Otez l'intérêt de la Terre ;
Vous en exilerez la guerre,
L'honneur rentrera dans ſes droits ;
Et plus juſtes que nous ne ſommes,

Nous verrons régner chez les hommes
Les Mœurs à la place des Lois.

Rouſſeau.

L'intérêt perſonnel eſt le but que ſe propoſe l'amour-propre, c'eſt la préférence de ſoi-même aux autres. L'amour-propre nous trompe ſur nos véritables intérêts : ſouvent la généroſité qui eſt le ſacrifice de l'intérêt perſonnel au bien des autres, nous procure des biens plus ſolides.

INTRE'PIDITE'.

L'intrépidité eſt une fermeté de l'ame, que la mort même ne peut ébranler. *Voyez* Force & grandeur d'Ame.

INVENTION.

L'invention eſt l'art de rapprocher les idées, qui paroiſſent les plus éloignées, d'en faire ſentir le rapport, & de préſenter les objets ſous un aſpect nouveau : l'invention eſt le fruit du génie & de la pénétration.

JOUISSANCE.

La jouiſſance eſt le ſentiment réfléchi de la poſſeſſion. Combien y a-
t'il de perſonnes qui poſſédent ſans
jouir ! combien plus y en a-t'il qui
ne ſavent pas joüir !

Pour bien jouir des choſes, il faut
en connoître le prix, & ne pas les
déſirer trop ardemment : l'ardeur des
déſirs & l'imagination qui exagere la
valeur des choſes, portent le trouble
dans la joüiſſance, & entraînent le
dégoût après elles, auſſi bien que
l'excès qui l'accompagne, & l'abus
qu'on en fait.

JOLI.

Le joli eſt compoſé d'agrémens
différens ; il n'a, ni l'étendue, ni les
proportions du beau ; il tient un peu
du caprice, & n'eſt point aſſujetti
aux regles de l'art, comme le beau,
qui d'ailleurs, renferme une idée d'utilité qu'on ne trouve pas dans le joli.

JOIE.

La joie eſt un plaiſir que l'ame reſſent, lorſqu'elle conſidere la poſſeſſion d'un bien préſent, ou d'un bien futur qu'elle regarde comme aſſuré.

Joie. Contemplez ce jeune ambitieux, dit le Pere *Brumoi*, dont les projets ont réuſſi. Yvre de joie, il ne marche plus, il vole; il eſt porté ſur le char de ſes déſirs ſatisfaits. Il va, revient, tourne, s'arrête. Incertain de ſa route, il cherche un dépoſitaire de ſon bonheur. L'a-t'il trouvé ? quel enthouſiaſme ! quelle effuſion de cœur ! accablé de ſon poids, il s'en décharge ſur un confident, il ouvre ſon ſein. Les paroles coulent, non pas avec cet air emprunté, que fournit l'artifice, mais ſous cette couleur ſimple que la nature ſeule leur donne. Dupe de l'amour de lui-même, il s'imagine que tout ce qu'il voit eſt plein de ſes penſées, & de ſes ſentimens. C'eſt à eux ſeuls qu'il parle & qu'il répond. Quiconque l'écoute, ne l'entend point, ou le croit inſenſé : mais il eſt ſouvent trop entendu. Il dira ſon ſecret, à qui ? à ſon ennemi même. Il lui échappera mille choſes, que la réflexion dans le refroidiſſement de ſa joie lui retra-

cera

céra avec douleur. Ah! dira-t'il alors, en gémiſſant, la vérité fatale eſt échappée ſans retour. Foibles hommes, nous nous bleſſons par nos propres armes. Cruelle joie, vous m'avez perdu. Bergere, qui croyez vos ſecrets en ſûreté au milieu de vos troupeaux, ou dans la diſtraction des ouvrages de vos mains, gardez-vous d'épancher vos cœurs en des entretiens qu'inſpire une trompeuſe joie. Pholoé parle. Le Berger qui s'en croit aimé ſe déguiſe. Il entend des expreſſions qui ne ſont pas pour lui, & l'éloge d'un rival préféré : il ſe retire le trait dans le cœur.

Après tout le moyen de ſe taire! Le veut-on? le peut-on? Inſenſés, l'apparence du bien nous ſéduit. Les verres & les bons mots qui en naiſſent, ſuffiſent pour nous rendre diſerts. Les animaux mêmes éprouvent l'effet de la gaieté. Oiſeaux, vous rempliſſez l'air de vos concerts. Cigales, vous chantez ſous la roſée. Aux premiers rayons du Soleil, tous les buiſſons retentiſſent. C'eſt le printems qui ranime tout, c'eſt lui qui fait couler dans la terre engourdie une douce vapeur. De-là l'importun ramage des plus vils oiſeaux. C'eſt alors que l'eſprit lui-même prend plaiſir à ſe repaître de chimeres. O trop crédule joie, quels fantômes n'offrez - vous pas pour des réalités! Un brillant avenir, nulle crainte du préſent, des efpérances de toute efpece : voilà ce qui remplit l'immenfe capacité du cœur féduit. Les fonges voltigeans, ou cachés fous les feuilles augmentent une erreur qui plaît. Le corps reçoit une force nouvelle. L'ame vole & s'aggrandit à fes propres yeux. Aveugle, elle fe met au-deffus des dangers de la fortune. Elle fe repofe fur elle-même, tandis que d'horribles maux fe préparent à changer fa deftinée : tel eft fon fort. L'erreur feule qui fait fa félicité, lui perfuade qu'il peut y avoir quelque chofe de durable ici bas. Elle oublie les rigueurs d'un hyver prochain, les menaces d'une tempête prête à éclorre, & le courroux des Dieux offenfés.

IRRÉSOLUTION.

L'irréfolution eft une fufpenfion de la volonté, qui ne trouve pas des motifs affez puiffans pour fe déterminer à l'action. L'irréfolution eft fouvent la marque de l'ignorance & de la foibleffe d'efprit.

JUGEMENT.

Le jugement eft une faculté active de l'efprit, qui compare les idées &

en tire des conséquences ; il se forme
par la réfléxion : c'est le jugement qui
fait les Philosophes & les politiques.

Le jugement doit nous servir de
guide dans la conduite de la vie ;
auparavant de rien entreprendre ,
nous devons nous repréfenter la perfonne qui agit, pour favoir fi elle
doit le faire , & pour trouver les
moyens de la faire réuffir, la chofe
fur laquelle on veut agir, & la perfonne pour laquelle on agit, afin de
confulter fi elle en eft digne.

Le jugement fupplée au défaut de
nos connoiffances ; il préfume que les
chofes font d'une certaine façon , fans
l'appercevoir certainement.

La plûpart des jugemens des hommes , ne leur font dictés que par leurs
paffions & leur tempérament ; ils ne
jugent des chofes que par le rapport
qu'elles ont avec eux ; ce qui porte
naturellement à croire , que ce qu'on
appelle raifon , vertus , eft arbitraire : cependant, il eft une raifon

indépendante du caprice & de l'opinion : mais quelle est - elle ? c'est
celle qui nous enseigne les moyens de
nous rendre heureux.

JURISPRUDENCE.

La Jurisprudence est la science des
Lois.

JUSTESSE.

La justesse est le sentiment du vrai ;
c'est une qualité de l'esprit, qui démêle le faux dont elle est souvent en-
veloppée : c'est l'habitude de réfléchir qui la donne.

La justesse nous donne aussi ordinairement la facilité de rendre nos
pensées avec netteté & précision, quoique le don de l'expression ne lui soit
pas nécessairement attaché ; il est bien
plutôt le fruit de la connoissance de
la langue, & de l'habitude d'écrire
& de parler.

JUSTICE.

Il y a deux fortes de juſtice, la juſtice commutative, & la juſtice diſtributive.

La juſtice commutative eſt la droiture qui renferme la ſincérité dans les paroles, & la bonne foi dans les traités.

La juſtice diſtributive eſt celle qui fait rendre aux autres ce qui leur appartient; elle doit ſe rendre gratuitement, promptement, & ſans partialité.

Ce nombre prodigieux d'hommes qui ſont commis pour rendre la juſtice, & pour appuyer ſes droits, & qui vivent du produit de cet emploi, cauſe le malheur & la ruine de bien des familles, & rend ces mêmes perſonnes inutiles à l'état.

L.

Langueur.

La langueur est un abbattement de l'ame, causé par le sentiment de notre foiblesse, que nous nous efforçons en vain de surmonter.

Léger. Changeant.
Inconstant. Volage.

Ces quatre mots signifient également une disposition au changement; la différence se trouve dans la cause qui le produit.

Le volage est celui qui passe rapidement d'un objet à un autre sans s'y arrêter; le léger est celui qui ne s'y arrête pas long-tems; l'inconstant est celui qui est las de s'y arrêter; le changeant est celui qui le quitte pour s'attacher à un autre.

C'est la vivacité de l'imagination & la chaleur du sang, qui rendent l'homme volage; c'est le défaut d'assiette dans le cœur & dans l'esprit qui produit la légéreté ; c'est le manque de sensibilité, qui fait naître l'inconstance : & c'est l'imperfection de l'objet de notre amour qui cause le changement.

Ceux qui n'aiment que la beauté extérieure des objets sont volages ; ceux qui se conduisent sans principes, & qui par cette raison changent souvent d'opinion, de passions & de conduite, sont légers ; ceux qui n'aiment les choses qu'autant qu'ils en ont besoin, deviennent inconstans quand le besoin cesse ; ceux qui découvrent des défauts dans l'objet de leur attachement, & qui en cherchent un plus parfait, sont changeans.

LECTURE. *Voyez* Etude.

Trop de lecture nuit souvent plus qu'elle ne sert ; il vaut mieux réfléchir. En lisant, vous prenez les sentimens des autres, & vous ignorez

quels font les vôtres : il faut lire peu,
& avec réflexion.

Vous favez, jeune Iris, que l'utile lec-
    ture,
De l'efprit & du cœur embraffant la cul-
    ture,
A former l'un & l'autre excelle égale-
    ment;
De l'ame & du génie elle eft la nour-
    riture,
Elle eft mere du goût & du difcerne-
    Et des vices de la nature,
    ment;
Elle purge nos cœurs & notre entende-
    ment:
Mais un fi grand remede opere len-
    tement.

  Vous faites du plaifir de lire,
  Votre plus doux amufement;
Mais pour en profiter, oferois-je le dire?
  Vous lifez trop rapidement.
Du petit oranger le foible compliment
Ayant reçû de vous un regard favorable,
  Pour appuier mon fentiment,
  Je vous offre encore une Fable.
L'apologue qui plaît eft un bon argument.

Expliquez moi, de grace, ô trop heu-
   reufe Abeille,

Difoit un jour le Papillon ,
Par quelle étonnante merveille ,
Sans ternir de nos fleurs l'éclatant ver-
millon ,
Vous favez en tirer ce fuc incomparable ,
Ce miel , que tous nos foins ne nous don-
nent jamais . . . .
Ce que vous faites , je le fais :
Avec un zele incomparable
Vous cultivez les fleurs ; n'en fais-je pas
autant ?
Et fans placer ici le brillant étalage
De mes talens connus à la ville , au
village ,
Je doute , entre nous deux , que vous en
aiez tant.

Hé ! répondit l'Abeille à l'infecte volage ,
Pour t'égaler à moi , cefle d'être in-
conftant.
Tu voles d'un aîle légere
De fleurette en fleurette , & cela te fuffit :
Mais pour en tirer du profit ,
Ton ardeur eft trop paffagere.

C'eft en nous fixant fur les fleurs
Que nous y recueillons cette admirable
effence ,
Dont chaque jour l'Aurore en
pleurs
Arrofe les jardins où Flore prend
naiffance.

>   Si je voltigeois comme toi,
>   Le miel ne feroit pas pour moi.
> Aux frivoles Lecteurs l'Abeille fait la
>   guerre :
>   Chaque Livre eft comme un
>   parterre
>   Où l'on s'amufe utilement ;
>   Mais qui promene un œil rapide
> Sur les fleurs & les fruits de ce jardin
>   charmant,
>   Prive d'un miel auffi doux que
>   folide
>   Et l'efprit & le fentiment.
>
>   *Peffellier.*

LIBÉRALITÉ.

La libéralité eft l'effet de la générofité, c'eft une maniere noble de diftribuer des bienfaits. On peut donner beaucoup fans obliger, ni paffer pour libéral : la libéralité fuppofe donc de l'efprit, ou une grande délicateffe de fentimens qui en tient toûjours lieu.

La libéralité fe plaît à répandre des biens fur des perfonnes qui nous approchent ; elle doit être réglée fur nos revenus : celle qui donne plus qu'elle ne peut, eft prodigalité.

La libéralité eſt un des plus grands avantages que procurent les richeſſes : on peut en joüir ſans être riche, quand on ſait économiſer ſa fortune, & modérer ſes beſoins.

LIBERTÉ.

Ce mot a différentes ſignifications : il s'emploie pour exprimer cette faculté de notre ame, qui ſe détermine à l'action de notre propre mouvement ; elle eſt auſſi indépendante que la Divinité qui nous l'a donnée, & qui peut ſeule par ſa grace la déterminer au bien, ſans cependant la forcer jamais.

Ce terme s'emploie auſſi pour celui d'aiſance : on dit liberté d'eſprit, de corps, &c.

Il ſignifie auſſi indépendance ; & dans cette acception, la liberté eſt un des plus grands biens de l'humanité. Elle conſiſte à ne faire que ce que le choix de notre état exige ; car l'entiere indépendance n'eſt pas faite pour l'homme ; Dieu ſeul eſt indépendant : les puissances de la terre dépendent des lois, des raisons d'état, & des bienséances.

LOGIQUE.

La logique nous apprend l'usage que nous devons faire de notre raison dans la recherche de la vérité : elle se divise en naturelle & artificielle.

La logique naturelle nous apprend à penser juste ; la logique artificielle nous enseigne la maniere de communiquer nos pensées avec ordre.

La logique naturelle renferme la perception, le jugement, le raisonnement & la méthode. *Voyez ces mots à leur place.*

La logique artificielle est renfermée dans la méthode. *Voyez* Méthode.

Logique. La logique, dit le *Marquis Dargens*, consiste dans les réflexions que nous faisons sur les principales opérations de notre esprit : & ce que nous appellons l'art de penser, comprend ces quatre chefs, concevoir, juger, raisonner, & ordonner.

Concevoir, ou imaginer une chofe, c'eft s'en former dans l'efprit la véritable image, & par le moyen de cette image avoir la chofe préfente à l'efprit, comme lorfque nous nous repréfentons un Soleil, un arbre, un rond, &c. fans pourtant former fur ces chofes aucun jugement exprès. Or, la forme par laquelle nous nous les repréfentons, ou cette premiere & fimple conception qui les offre, s'appelle idée, ou notion.

Juger, c'eft dire véritablement d'une chofe ce qu'elle eft, ou ce qu'elle n'eft pas, en lui donnant ce qui lui convient, & lui ôtant ce qui ne lui convient pas. Cette opération de notre efprit fe fait, lorfque joignant deux diverfes idées, nous les affirmons, ou les nions, comme quand nous difons que la terre eft ronde, & n'eft pas quarrée : car nous affirmons fa rondeur, & nions qu'elle ait une autre figure ; ou lorfque nous affûrons que l'homme eft un animal, & non point un arbre, donnant à l'homme ce qui lui convient, & niant qu'il foit un arbre.

La troifieme opération de notre efprit s'appelle raifonner, c'eft-à-dire, inférer d'une ou de deux propofitions quelque chofe de conclu conféquemment ; comme lorfqu'on dit, l'infidélité eft un crime, il eft plufieurs amans infideles, il eft donc plufieurs amans criminels.

La derniere des opérations de l'efprit s'appelle ordonner, c'eft-à-dire, difpofer ou arranger ce que nous avons examiné fur un fujet, de la maniere la plus prompte, la plus claire qu'il nous eft poffible ; & c'eft ce qu'on nomme méthode.

Lois.

Tout être a fes lois, qui ne font que le rapport que les chofes ont avec lui : il y a des lois naturelles, des lois divines & humaines.

Les lois naturelles font l'idée d'un Etre fupérieur qui nous a créés, la reconnoiffance qu'on lui doit, le foin de défendre & d'entretenir fa vie, le befoin que nous avons de fociété, & le defir que nous avons de vivre enfemble.

Pour maintenir cette fociété, les lois naturelles ne fuffifent pas. Les hommes ont établi les lois pofitives, qui tendent à conferver l'égalité dans la fociété ; de-là le droit des Gens, à entretenir l'ordre dans un Etat, ce qui forme les lois politiques ; & à

maintenir la juſtice entre les Citoyens, d'où naiſſent les lois civiles.
Le droit politique renferme les différentes eſpeces de gouvernement. Chaque gouvernement pour être bon,
doit être établi ſur la connoiſſance de
l'eſprit de chaque nation, ſur le phyſique de chaque pays, qui conſtitue le
caractere & le tempérament des Peuples, & qui établit ſes beſoins.

Les lois ont du rapport entr'elles ;
elles en ont avec leur origine, avec
l'objet du Légiſlateur, & avec l'ordre des choſes ſur leſquelles elles ſont
établies.

Les lois divines ſont invariables ;
les lois humaines doivent ſe rapporter aux hommes, pour qui & par qui
elles ſont inſtituées. Elles doivent être
fondées, comme je l'ai déja dit, ſur
la connoiſſance du phyſique de chaque climat.

LOUANGE.

La loüange eſt preſque toûjours

une vanité déguifée ; on ne loüe une
perfonne fur fon mérite, que pour faire
penfer qu'on en a ; & on mêle à fon
éloge des reftrictions & des diftinc-
tions qui font toûjours avantageufes
à celui qui les fait : rarement les hommes loüent les perfonnes qui leur font
fupérieures en talens.

>> Noire fille du Styx , vrai fleau de la
>> Terre,
>> Toi, qui t'éleves dans les airs,
>> Rivale de la foudre , ainfi que des
>> éclairs,
>> Veux-tu faire aux mortels une éter-
>> nelle guerre?
>> Celui, qui, le premier te paîtrit de fa
>> main,
>> Devint ta premiere victime;
>> Que n'a-t'il, dans le même
>> abyfme,
>> Englouti, pour toûjours, ton falpêtre
>> inhumain ...

C'eft ainfi que l'encens, au fond d'une
boutique,
Sur le ton d'une Philippique,
Parloit à la poudre à canon.
Tu brilles moins que moi, lui répondit
la poudre,

Et

Et tu n'imites point les effets de la
foudre :
Mais, es-tu moins nuisible?... Non.
Que de têtes pourroient m'en dire des
nouvelles !
Il en eſt plus de cent que je pourrois
citer.

L'encens gâte plus de cervelles,
Que la poudre n'en fait ſauter.

Peſſelier.

Luxe.

Le luxe eſt l'amour du faſte & de
la magnificence.

Le luxe des bâtimens, des habits,
&c. eſt un voile brillant, qui cache
ſouvent bien de la petiteſſe. Un homme de mérite ne tire point ſa gloire
de ces miſeres-là ; il ſe conforme à
l'uſage qui a établi des diſtinctions
entre les rangs : mais il préfere toûjours la ſimplicité, la commodité &
la propreté au luxe. *Voyez* Commerce.

P

M.

MAGNANIMITÉ.

La magnanimité est le desir d'entreprendre de grandes choses, malgré les difficultés qu'on prévoit dans l'exécution : elle a sa source dans la grandeur d'ame. *Voyez* Grandeur d'Ame.

La magnanimité renferme une idée de courage. *Voyez* Courage.

MAGNIFICENCE.

La magnificence est l'étalage de la richesse. Elle n'est pas faite pour les particuliers : elle doit faire l'ornement de l'Autel & du Throne.

C'est la rareté des choses, qui fait surtout le prix des magnificences.

MAL.

Le mal en général est tout ce qui est nuisible par sa nature ; par rapport à nous, nous regardons comme des maux tout ce qui s'oppose à notre bonheur, tout ce qui nous prive de quelque bien, & tout ce qui tend à notre deſtruction.

Tous les maux ſont relatifs, & ne ſont pour la plûpart, que des maux d'opinion : il n'y a que la maladie de mal réel.

On regarde communément comme des maux, la pauvreté, l'obſcurité, l'exil, l'eſclavage, la dépendance, l'infamie, l'imbécillité, la laideur & l'ignorance, &c. *Voyez tous ces mots à leur place.*

MALADIE.

La maladie eſt un état de ſouffrance : c'eſt le ſeul mal réel & inévitable ; cependant il eſt rare qu'un homme tempérant ſoit malade, à moins qu'il ne ſoit mal conſtitué : ainſi le principe de la maladie eſt donc la conſtitution & l'intempérance, le ſeul remede eſt le régime, les autres ne ſervent ſouvent qu'à l'irriter.

P ij

Il faut convenir, que, quoique la maladie ſoit un mal réel, l'imagination y ajoûte beaucoup, comme à tous les autres maux prétendus. L'ame qui pourroit ſeule nous conſoler s'abandonne à la triſteſſe, & tombe dans l'accablement : lorſque l'expérience & l'exemple des Stoïciens nous prouvent qu'elle peut s'élever au-deſſus de la douleur, & joüir de la tranquillité dans le ſein même de la ſouffrance.

MALÉFICE.

Le maléfice eſt une action cachée de méchanceté. Les ſortiléges ne ſont que des maléfices produits par des cauſes naturelles, mais inconnues. Les premiers Phyſiciens qui ont paru, ont dû paſſer pour des ſorciers aux yeux du Peuple ignorant.

MALHEUR.

Le malheur eſt un état conſtant de peines & de ſouffrances.

Il eſt faux de dire qu'il y ait des

gens qui naiſſent malheureux ; c'eſt le ſentiment de l'infortune qui fait le malheur : & tel que l'on croit malheureux par la fauſſe opinion que l'on a du mal, ſe trouve ſouvent fort heureux par la juſte idée qu'il en a. Je l'ai déja dit, & je le répete encore, il n'y a que la maladie de mal réel ; & pour être malade, on n'eſt pas malheureux, on ſent ſeulement un peu moins ſon bonheur ; c'eſt donc l'homme qui fait lui-même ſon bonheur & ſon malheur : c'eſt l'opinion qu'il a des choſes ; c'eſt pourquoi nous ne pouvons trop nous appliquer à connoître le bien & le mal.

MALICE. MALIGNITE'.

MÉCHANCETÉ.

La malignité eſt le deſir de nuire, moins pour faire du mal que pour s'amuſer : elle ſuppoſe de l'eſprit. La malice eſt l'effet de la malignité. La méchanceté eſt une diſpoſition du tempérament, qui nous porte à haïr, & à nuire à nos ſemblables.   P iij

MALIGNITÉ. *Voyez* Malice.

MANIE.

La manie est une forte affection de l'ame, qui l'occupe sans cesse & la remplit toute entiere d'un objet: c'est la passion dominante de l'homme; passion qui va quelquefois jusqu'à la folie.

Le génie des beaux arts est une sorte de manie; l'amour passion en est une autre.

MANIERES.

Les manieres font tout ce qui accompagne nos actions: elles consistent dans les gestes & le maintien.

On prend assez volontiers ce terme en mauvaise part; & l'on entend communément par un homme qui a des manieres, un homme qui met de l'affectation dans tout ce qu'il fait.

MARIAGE.

Le mariage considéré comme contrat civil, est l'union de l'homme & de la femme raſſemblés en ſociété pour avoir des enfans & pour les élever.

Le mariage eſt ſi fort décrié aujourd'hui ; qu'on n'oſeroit plus prendre ſon parti ; & il faut convenir que ce n'eſt pas ſans raiſon, de la façon que ſe font à préſent la plûpart des mariages : il eſt étonnant qu'il y en ait encore tant de bons ; cela étoit moins rare du tems de la ſeconde & de la troiſieme race de nos Rois, où la vertu, l'inclination, le rapport d'humeurs & de caracteres en formoient les nœuds plutôt que l'intérêt, & le ſol amour de la beauté.

Non, il n'eſt point d'état plus heureux
    dans la vie,
Pour ceux que la raiſon & l'amour ont
    unis.
L'hymen ſeul peut donner des plaiſirs
    infinis ;
On en joüit ſans peine & ſans inquiétude ;
On ſe fait l'un pour l'autre une heureuſe
    habitude
D'égards de complaiſance, & de ſoins les
    plus doux.

S'il est un sort heureux, c'est celui d'un
époux,
Qui rencontre à la fois dans l'objet qui
l'enchante
Une épouse chérie, une amie, une
amante.
Quel moyen de n'y pas fixer tous ses
défirs !
Il trouve son devoir dans le sein des
plaisirs.

Nivel de la Chaussée.

La même pensée, qu'on trouve aussi
dans l'Opéra de *Bellérophon* de *Qui-
nault*, a quelque chose de plus précis :
& par-là même de plus piquant.

Qu'il est doux de trouver dans un amant
qu'on aime,
Un époux que l'on doit aimer.

Le mariage est utile à l'Etat par la
propagation, & mérite l'attention du
ministere.

MATIERE.

La matiere est tout ce qui a forme
& étendue. *Voyez* Univers : système
des anciens sur la matiere premiere.

MÉCHANCETÉ. *Voyez* Malice.

MÉFIANCE. *Voyez* Défiance.

MÉLANCOLIE.

La mélancolie eſt une des quatre humeurs qui entrent dans la conſtitution de l'homme ; c'eſt une diſpoſition à la triſteſſe, qui vient d'un ſang deſſéché ou appauvri, & originairement du vice des ſolides. Les adverſités & la trop grande diſſipation des eſprits produiſent auſſi la mélancolie ; & une exercice modéré & un régime convenable en ſont le remede.

MÉMOIRE.

La mémoire eſt une faculté paſſive de l'eſprit ; elle conſerve les idées que l'imagination lui confie. La mémoire s'acquiert & s'entretient par l'exercice.

MÉPRIS.

Le mépris eſt le ſentiment du peu de valeur qu'ont les choſes ; nous le reffentons pour toutes les actions qui aviliffent l'homme. Par exemple, le lâche craint la mort, le poltron fuit le danger, l'homme fans honneur embraffe une profeffion infame : toutes ces actions qui dégradent l'humanité bleffent la grandeur d'ame, & nous infpirent ce fentiment que nous nommons mépris.

La plûpart des hommes affectent de méprifer les qualités & les chofes qu'ils n'ont pas, & qu'ils voudroient fouvent avoir.

MÉRITE:

Le mérite d'une chofe eft l'eftimation de ce qu'elle vaut ; le mérite d'une action eft le fruit de la bonne intention. Le vrai mérite de l'homme confifte dans la vertu.

On peut dire d'un homme qu'il a du mérite, fans que ce foit pour cela un homme de mérite. On a du mérite quand on a des talens, ou des bonnes qualités : mais pour être hom-

me de mérite, il faut être aimable &
essentiel.

MÉTAPHYSIQUE.

La Métaphysique est la connoissance des choses purement spirituelles, &
qui ne tombent pas sous les sens.

La Métaphysique n'a pas le degré
de certitude qu'ont la Physique & la
Morale, qui par-là méritent beaucoup mieux le nom de science. *Voyez*
Science & Connoissance.

MÉTHODE.

La méthode des Philosophes est l'art
d'arranger nos pensées dans un certain ordre, soit pour la recherche de
la vérité, soit pour la manifester aux
autres.

Quand on veut connoître une vérité, on se demande d'abord ce que
c'est qu'une telle chose, de quelle nature elle est, si elle est simple ou composée, si elle existe réellement, &
pourquoi elle existe.

Toute la méthode est renfermée dans ces cinq objets.

Méthode. Il y a deux sortes de méthodes, dit M. le *Marquis-Dargens*, l'une qui sert à découvrir la vérité, & qu'on appelle analyse, ou méthode de résolution, ou même méthode d'invention ; & l'autre, qu'on nomme synthese, ou méthode de composition, qu'on emploie lorsqu'on veut rendre sensible aux autres les vérités, dont on est déja convaincu.

La principale opération de l'analyse ou méthode d'invention, consiste principalement à concevoir avec clarté & netteté la question dont il s'agit, à examiner avec attention & en détail toutes les notions qui peuvent y avoir du rapport. Comme si l'on propose, si notre ame est immortelle, pour chercher la connoissance de cette vérité en considérant la nature de notre ame ; on remarque d'abord que la pensée est l'attribut le plus essentiel à notre ame, & qu'elle peut bien douter de tout, mais non pas penser, puisqu'elle ne sauroit douter sans penser. On examine ensuite ce que c'est que penser ; & voyant que tout ce qui convient aux notions que l'on a de la pensée, ne convient pas à celles que l'on a de la substance étendue, qu'on appelle corps, & appercevant enfuite clairement que la penſée n'eſt point étendue, n'a ni largeur, ni profondeur, on en conclut qu'elle n'eſt point un mode ou un attribut de la ſubſtance étendue. De ce premier raiſonnement on en infere un ſecond, par lequel l'on dit que la penſée n'étant point un mode de la ſubſtance étendue, il faut qu'elle le ſoit d'une autre ſubſtance différente de la corporelle, avec qui, n'ayant rien de commun, elle ne ſouffre point par conſéquent de la diſtraction, ou du changement qui arrive dans cette même ſubſtance étendue. De ces raiſonnemens, on juge enſuite que l'ame n'étant compoſée d'aucunes parties ne peut périr, & par conſéquent qu'elle eſt immortelle.

L'autre eſpece de méthode, qu'on appelle ſyntheſe, ou méthode de compoſition, quoiqu'elle ait des regles différentes de la premiere, en eſt une ſuite ſi néceſſaire, que quiconque a les facultés de la premiere, a toûjours celles de la derniere ; car lorſqu'on connoît ſoi-même évidemment les choſes, & qu'on a eu aſſez de pénétration & de juſteſſe pour entendre & découvrir la vérité, on n'a pas grande peine à la faire comprendre aux autres, puiſque le plus eſſentiel & le plus difficile eſt déja fait, qui conſiſte à démêler le vrai ou le faux de ſes idées, & à en appercevoir la connexion, en quoi la nature favorable peut beaucoup plus aider , & plus sûrement que l'étude.

MISANTROPIE.

La Misantropie est la haine des hommes. Elle est l'effet du tempérament & la marque d'un esprit faux.

MŒURS.

Les mœurs sont les qualités de l'ame. Elles sont bonnes ou mauvaises, suivant son élévation ou sa bassesse : elles sont formées par la coutume & la façon de penser, & se manifestent par les actions & les discours.

MODÉRATION.

La Modération est une disposition de l'ame qui la porte naturellement & sans effort à fuir tous les excès : elle vient du tempérament.

Les jeunes gens qui ont le sang bouillant, & ceux qui sont agités de quelque paſſion, ne la connoiſſent pas: elle eſt volontiers le partage de l'âge mûr & de la vieilleſſe.

La raiſon, l'habitude de réfléchir & de combattre nos paſſions peuvent auſſi nous la donner. Socrate en eſt une preuve. Il étoit né violent & emporté; & la Philoſophie le rendit le plus doux & le plus modéré de tous les hommes.

MODESTIE.

La modeſtie eſt une retenue dans nos diſcours & dans nos actions, qui nous empêche de parler de nous d'une maniere avantageuſe; c'eſt la compagne inſéparable du vrai mérite. Elle ſe concilie l'envie, arrête les diſcours du médiſant & du calomniateur, chaſſe l'eſprit de domination, auſſi inſupportable dans la ſociété, procure aux autres les occaſions de briller & leur ſuggere des moyens dont elle leur fait honneur, & reçoit les loüanges qu'on lui donne avec cet air d'embarras, qui prouve combien elle les a mérités.

La véritable modeſtie évite de parler de foi. Il y a long-tems qu'on a dit que c'eſt être fat que d'en dire du bien, & qu'il n'appartient qu'à un ſot d'en dire du mal.

MOLLESSE.

La molleſſe eſt cet état d'indolence & de tranquillité où nous plonge la volupté. L'ame dans cet état entierement occupée à ſentir, reſſent une eſpece d'extaſe, & fuit toute action. Un homme qui s'y abandonne devient incapable de ces grandes actions qui font les héros & les grands hommes : content de trouver le bonheur dans le fond de ſon cœur, il ne le cherche pas dans l'opinion des autres, & renonce à la gloire pour le plaiſir.

Cette façon de penſer qu'inſpire la molleſſe ſeroit raiſonnable, ſi l'homme n'étoit né que pour lui, s'il n'avoit pas des devoirs à remplir, ou enfin

fin si le plaisir pouvoit durer toûjours : mais la volupté cesse de l'être pour celui qui s'y livre tout entier : les sens qui sont les organes du plaisir se fatiguent par un trop long exercice, & ressentent bien-tôt la douleur. Telle est la sagesse de la Providence, qui veille sans cesse à l'harmonie de l'Univers ; celui qui s'écarte de ses devoirs en reçoit à l'instant la peine, par les mêmes choses qui sembloient devoir assûrer son bonheur.

MORALE.

La morale est la science des mœurs. Elle renferme la politique, & la jurisprudence, la connoissance de l'homme & de ses devoirs. *Voyez* Jurisprudence & Politique.

MORT.

La mort est le terme de la vie ; c'est la séparation de l'ame & du corps. Elle est assez généralement regardée comme le plus grand de tous

Q

les maux ; l'Ecriture nous dit même qu'elle devint la peine du péché. Cependant à la considérer d'un œil philosophique, la mort n'est point un mal réel ; ce n'est que la privation d'un bien, privation qui est même insensible. Dépouillez-la du terrible appareil dont elle est environnée, & pour lors la mort *ne sera que le soir d'une belle journée.*

Ce qui prouve encore que la mort n'est qu'un mal d'opinion, c'est qu'il y a des Peuples entiers qui se la procurent, pour se délivrer des infirmités de la vieillesse, & des chagrins de la vie : mais ces exemples ne sont point à imiter. La vie est un dépôt que la Divinité nous confie, & dont nous ne pouvons disposer sans son aveu.

La mort, pour le Chrétien qui a de la confiance en la miséricorde de Dieu, est le but de la félicité éternelle à laquelle il aspire.

N.

NAÏVETÉ.

La naïveté est l'expression naturelle du sentiment.

NATURE.

La nature est ce principe actif qui produit des êtres, qui les modifie, qui les entretient & les conserve. C'est le premier principe des choses; c'est, à l'égard de l'Univers, le Soleil qui produit la chaleur & le mouvement : à notre égard, la nature est un certain arrangement des fibres & des organes ; arrangement qui produit tels penchans plutôt que d'autres, & qui forme ce que l'on appelle tempérament : c'est tout ce qui constitue les qualités de l'ame.

La nature de l'homme est distinguée de celle des autres animaux, par la faculté de penser qui lui est propre.

Négligence.

La négligence est un défaut d'exactitude ; elle est ordinairement l'effet de l'indolence.

Netteté.

La netteté est la lumiere du discours ; elle consiste dans l'ordre, la précision, & la justesse de chaque expression.

Noblesse.

La noblesse des sentimens est la préférence de l'honneur à l'intérêt ; c'est le fruit pénible de la réflexion, ou de l'éducation.

C'est une qualité du cœur, qui suppose nécessairement de la grandeur d'ame. *Voyez* Grandeur d'Ame.

La noblesse qui nous vient de la naissance, est le prix du mérite & de la vertu ; ainsi tout homme vertueux est noble, & tout noble vicieux se dégrade.

NOIRCEUR.

La noirceur eſt une action de mé-chanceté, dans laquelle il entre de la perfidie. *Voyez* Méchanceté & Per-fidie.

NONCHALANCE. *Voyez* Indolence.

La différence qu'il y a entre ces deux mots, c'eſt que la nonchalance ſe dit du corps, & l'indolence de l'eſprit : la cauſe eſt la même. Elle vient de la lenteur de l'ame dans tou-tes ſes opérations ; & cette lenteur vient du peu d'impreſſion que font les objets ſur les ſens, ou les ſenti-mens ſur le cœur.

NOTION.

Les notions ſont des idées compo-ſées & abſtraites ; ce ſont les com-binaiſons des idées ſimples avec les opérations de l'eſprit.

Les notions nous viennent de la réfléxion. *Voyez* Idées.

La notion est composée d'idées simples. Tous les termes abstraits, tous ceux qui expriment le genre & la qualité, font autant de notions.

Pour avoir des notions certaines, il faut d'abord apprendre à avoir des idées simples.

O.

OBÉISSANCE.

L'obéissance est la soumission que nous devons aux ordres de nos supérieurs, & l'exécution de ces mêmes ordres.

Nous devons de l'obéissance aux Lois, au Souverain, à nos Peres & Meres, à nos Supérieurs.

OBSTINATION.

L'obstination est une opposition aux sentimens des autres ; opposition qui vient de l'humeur, & quelque-

fois du défir de montrer de l'efprit.
Voyez Opiniâtreté.

ŒCONOMIE.

L'œconomie eft la fcience d'augmenter nos biens, & de ménager nos revenus : c'eft la richeffe de l'indigent.

OPINIÂTRETÉ.

L'opiniâtreté eft une oppofition aux fentimens des autres ; oppofition qui tient quelque chofe de la haine.

Le but de l'opiniâtre eft plutôt d'humilier celui qui difpute avec lui, que de faire valoir fon fentiment, dont il n'eft pas toûjours perfuadé. *Voyez* Entêtement & Obftination.

OPINION.

L'opinion eft la façon de penfer ; chaque Peuple a la fienne, différence qui vient de celle des climats, & qui eft la fource de tous les préjugés.

On entend auffi par opinion, les

préjugés & les penſées fauſſes qu'on adopte ſans les avoir examinées.

Il y a long-tems qu'on dit que l'opinion eſt la Reine du monde : mais c'eſt une vérité dont on n'eſt pas aſſez perſuadé. C'eſt l'opinion qui régle notre conduite, & qui nous empêche de conſulter la raiſon : le Philoſophe même ſent quelquefois la néceſſité de s'y conformer : mais il ne le fait que dans les choſes peu importantes, & qui ne bleſſent pas la vertu.

OPULENCE.

L'opulence eſt cet état d'abondance que procurent les richeſſes. *Voyez* Richeſſes.

ORDRE.

L'ordre s'étend ſur le phyſique & ſur le moral. L'ordre phyſique entretient l'harmonie de l'univers : l'ordre moral eſt le ſoûtien de la ſociété.

Il fait le bonheur public, & celui de chaque particulier. Heureux celui qui a cet amour de l'ordre gravé dans le cœur !

ORGANISATION. *Voyez* Conformation.

ORGUEIL.

L'orgueil eſt l'étalage de la vanité ; il eſt ordinairement accompagné de mépris pour les autres.

P.

PARESSE.

La pareſſe eſt la haine & la fuite du travail.

Les Démons, irrités de l'heureuſe innocence
    Qui régnoit parmi les mortels ;
    L'oubli des mœurs & l'indécence
    N'avoient point encore d'Au-
    tels ,
Songerent aux moyens d'envoyer dans
le monde
    La licence en maux ſi féconde.

On s'assemble, on consulte ; & contre les
    humains
    Chacun, dans l'infernal Empire,
    Rêve, délibere, conspire :
Jugez, si notre sort étoit en bonnes
    mains !

    Enfin, la troupe vengeresse
A toutes les vertus crut faire assez de
    mal,
    En concluant l'hymen fatal
    De l'Orgueil & de la Paresse.
On ne les dotta point. Article capital !
Ce fut, pour les Démons, une fort bon-
    ne affaire ;
Ils eurent bientôt lieu de s'en féliciter :
L'Orgueil voulut briller ; &, pour se satis-
    faire,
La Paresse ne put se résoudre à rien faire.
    Il fallut, pour se contenter,
Oublier la décence, & même la droi-
    ture ;
    Et de cet Hymen dangereux,
Naquit, au bout de l'an, une progéni-
    ture
    Dont l'homme devint amou-
    reux ;
La Licence, en un mot, créature enne-
    mie,
    Qui forme au crime, à l'infa-
    mie,

Ceux qui n'étoient que malheureux.

Dès que vous mettrez en mé-
nage
La Paresse & l'Orgueil, sans fonds ni
revenu,
Comptez sur le Libertinage ;
Car il sera bientôt venu.

Pessellier.

PASSION.

La passion est tout ce qui affecte
l'ame vivement & profondément :
elle prend sa source dans le tempérament & l'amour-propre. C'est l'o-
pinion qui a donné la naissance aux
passions, qu'on peut envisager comme les maladies de l'esprit. Je n'en
connois qu'une qui en soit indépendante & qui vienne du tempérament
& des sens immédiatement ; c'est
cette espece d'amour qu'on peut mettre au nombre de nos besoins. Toute
autre passion s'émeut sur l'apparence
ou l'opinion d'un bien ou d'un mal ;

fi c'eſt d'un bien, ce mouvement ſe nomme amour ; ſi c'eſt d'un mal, il s'appelle haine.

Le bien eſt préſent ou futur : le préſent eſt plaiſir ; le futur eſt deſir : le mal préſent eſt triſteſſe ; le mal futur eſt crainte. Ainſi toutes les paſſions roulent ſur le plaiſir & la douleur, l'amour, la haine & la crainte.

On compte parmi les paſſions, l'amour, l'ambition, l'amour de la gloire, l'avarice ou l'amour des richeſſes, l'envie, la vengeance & la colere. Ces trois dernieres paſſions ſont les effets de la haine, qui eſt elle-même une paſſion.

La paſſion du jeu naît des autres paſſions ; c'eſt l'avarice, l'amour du luxe & des grandeurs, qui l'inſpirent.

Le fruit le plus certain des paſſions, eſt l'ennui & la douleur qui naiſſent de l'agitation, du trouble & de l'inquiétude qu'elles cauſent. Au reſte les paſſions ont leur avantage : elles nous portent aux grandes actions, quand

elles font bien réglées ; elles fertili-
fent le cœur & l'efprit ; elles nous excitent à nous rendre utiles à la fociété par l'appas de l'eftime & de la
confidération : les paffions mêmes les
plus folles font·utiles à l'harmonie de
l'Univers , & ne nuifent qu'à ceux
qu'elles poffedent , ne font jamais
mauvaifes que par leur excès.

Paffions. Admirons, dit le Pere *Brumoi*,
les talens & l'importance des paffions. Que
feroit - on fans elles ? Le Laboureur oifif
laifferoit le foc inutile ; le Pilote auroit
horreur des dangers ; le Riche infenfible ar-
meroit fon cœur, d'un bouclier de fer ; le
Vulgaire impuiffant périroit ; les Meres,
oui , les tendres Meres oublieroient leur
tendreffe & leurs enfans. Mais , graces aux
paffions , les cœurs favent être fenfibles
malgré eux. La Mere s'attendrit fur fes
enfans ; fa tendreffe dévore tout ; fa douleur même lui plaît, elle eft maternelle.
Les noms de Pere, d'Epoux, de Frere, de
Femme, d'Ami, ne font plus de vains
noms. Ce ne font plus des Fables que l'humanité & la bonne foi ; elles font connues
des plus barbares nations, qui, fenfibles
aux mêmes revers que nous, témoignent

ou feignent de témoigner que l'humanité ne leur eſt point étrangere, qu'elles ſont prêtes de nous ſecourir dans nos malheurs, & que du moins elles ne veulent pas nuire à qui ne leur nuit pas. Otez les paſſions, que deviennent les Arts ? Tout l'Univers retombe dans l'antique cahos. Rendez-les à l'homme ; les Villes & les Temples renaiſſent de leurs ruines ; la vertu même revient ; vertu née pour habiter avec les paſſions ; vertu qui fait prendre d'elles ſes plus brillantes couleurs, la tendreſſe dans les ames tendres, la vigueur dans les forêts, la douceur dans les cœurs bien placés, la hardieſſe dans les ames guerrieres, l'égalité ſi précieuſe dans tous, & cette eſpece d'immutabilité qui la met au-deſſus des circonſtances de l'humeur.

PATIENCE.

La patience eſt une eſpece de courage, qui ſupporte ſans plainte ni murmure les maux que l'on ne peut empêcher, tels que les châtimens, les perſécutions, les contradictions dont la vie eſt ſemée, les humeurs & les défauts des hommes.

On peut ſanctifier la patience par

une soûmission volontaire aux ordres de la providence.

PAUVRETÉ, *Voyez* Indigence.

PEINE.

La peine qui est opposée au plaisir est une sensation que l'on aimeroit mieux ne pas éprouver qu'éprouver : elle vient de la privation d'un bien, de la crainte ou de la présence d'un mal.

PENSE'E.

La pensée est la comparaison que nous faisons de plusieurs idées, & le jugement que nous en portons.

PENCHANT.

Le penchant est cet attrait qui nous entraîne vers un objet plutôt que vers un autre. C'est le plaisir qui s'offre à nous sous différentes formes, & principalement sous celle des objets, qui

ont le plus de rapport à notre façon de sentir & de penser. *Voyez*
Plaisir.

PÉNÉTRATION.

La pénétration est la facilité de
découvrir l'intérieur des choses, la
cause de chaque effet & le motif de
chaque action des hommes par les
circonstances qui les accompagnent;
c'est la connoissance de l'homme &
des principes physiques qui la donne.

PERCEPTION.

La perception est la faculté de recevoir les idées qui nous viennent des
sens & de la réflexion. Elle renferme
l'entendement, l'imagination & la
sensation, qui à les bien examiner,
ne font qu'une même faculté, qui
change de nom suivant la nature des
idées. *Voyez ces trois mots.*

PERFIDIE.

La perfidie est une trahison cachée,

chée , qui emploie la diſſimulation pour parvenir à ſes fins.

PERPLEXITÉ.

La perplexité eſt une indéciſion de la volonté , qui flotte incertaine entre deux motifs qui lui paroiſſent également déterminans.

C'eſt ſouvent un combat de la paſſion avec la raiſon ; combat où la paſſion triomphe preſque toûjours.

PERSÉVÉRANCE.

La Perſévérance eſt une force de l'ame qui réſiſte aux obſtacles. Elle differe de la conſtance, en ce qu'elle marque la pourſuite d'un bien, tandis que la conſtance ſe contente de l'attendre.

PERSUASION.

La perſuaſion eſt le ſentiment de la certitude ; certitude fondée ſur le rapport que les choſes ont avec nous.

Ce ſont les ſens qui ſont les organes de la perſuaſion, à la différence de la conviction, qui eſt le fruit de la réflexion : ce qui fait que la perſuaſion peut nous égarer auſſi ſouvent que les ſens nous trompent. Cependant il y a des choſes qui ne ſont pas moins des vérités, quoiqu'elles ne puiſſent être que ſenties. Telles ſont la plûpart des vérités de la Religion & de la Morale.

L'art de perſuader eſt celui d'émouvoir les paſſions.

PETITESSE.

La petiteſſe d'eſprit eſt le peu d'étendue de ſes connoiſſances. Ce défaut vient de l'incapacité de réfléchir, & de l'indifférence de l'ame qui n'eſt affectée de rien ; c'eſt un vice de la conſtitution.

Ce défaut vient auſſi quelquefois d'une éducation négligée ; & alors il peut ſe réparer par l'étude.

PHILOSOPHIE.

La Philoſophie eſt une connoiſſance certaine, fondée fur des principes certains. Ce mot eft compofé de deux mots Grecs, qui fignifient amour de la fageffe : la fageffe eft l'art de fe rendre heureux. Ainfi la Philofophie renferme l'art de parvenir au bonheur.

Les moyens qui y conduifent font la connoiffance de l'homme & de fes devoirs, l'art de joüir des plaifirs & de fupporter les peines.

Les plaifirs, ainfi que les peines, font réels ou imaginaires, faux ou véritables. Les plaifirs réels font ceux que la nature offre à tous les hommes ; les plaifirs imaginaires font ceux que l'imagination nous procure ; elle fe mêle à tous les plaifirs, plus ou moins.

Les plaifirs faux font ceux qui font fuivis des peines ; c'eft le devoir de la Philofophie de les rejetter. Les plaifirs véritables font ceux qui n'entraînent ni remords ni repentir à leur fuite ; la Philofophie nous apprend à les connoître, & nous permet de nous y livrer. *Voyez* Plaisir.

PHILOSOPHE.

Il résulte de tout ce que nous avons dit sur la Philosophie, qu'un Philosophe est un homme qui examine avant que de croire, & qui réfléchit avant que d'agir. De-là, il doit nécessairement être ferme dans sa croyance, & constant dans ses démarches.

Le but d'un Philosophe, est de si bien
        agir,
Que de ses actions il n'ait point à rougir;
Il ne tend qu'à pouvoir se maîtriser soi-
        méme,
C'est-là qu'il met sa gloire & son bonheur
        suprème.
Sans vouloir imposer par ses opinions,
Il ne parle jamais que par ses actions;
Loin qu'en systèmes vains, son esprit
        s'alambique,
Etre vrai, juste, bon, c'est son système
        unique;
Humble dans le bonheur, grand dans
        l'adversité,
Dans la seule vertu, trouvant la volupté,

Faisant d'un doux loisir ses plus cheres
délices,
Plaignant les vicieux, & déteſtant les
vices :
Voilà le Philoſophe, & s'il n'eſt ainſi
fait,
Il uſurpe le nom, ſans en avoir l'effet.

Deſtouches.

PHYSIONOMIE.

La phyſionomie eſt l'aſſemblage des
traits du viſage : elle exprime aſſez ordinairement le caractere des perſonnes.

PHYSIQUE.

La Phyſique eſt la connoiſſance des
cauſes & des effets de la nature : elle
eſt expérimentale, ou conjecturale. La
Phyſique expérimentale eſt une connoiſſance certaine ; la Phyſique conjecturale n'eſt ſouvent qu'ingénieuſe :
l'une nous conduit à la vérité, &
l'autre nous mene à l'erreur.

Les anciens Philoſophes étoient

d'affez médiocres Phyficiens : le plus célebre d'entre eux eft Epicure.

La Phyfique fe perfectionne tous les jours par les expériences : elle doit beaucoup aux favantes Académies qui font établies dans l'Europe depuis un fiecle, & fur-tout à la *Société Royale de Londres*, & *à l'Académie des Sciences de Paris.*

PIÉTÉ.

La piété eft une vertu chrétienne, qui rend à Dieu & aux hommes le tribut d'amour qui leur eft dû. Elle confifte dans la pratique conftante & affectueufe des devoirs de la Religion ; & c'eft ce qui la diftingue de la vertu morale, qui n'a que le monde pour objet. La véritable piété fuppofe un efprit jufte & un cœur droit.

Piété. C'eft fe faire une fauffe idée de la piété, dit M. de *Maffillon*, que de fe la figurer toûjours foible, timide, indécife, fcrupuleufe, bornée, fe faifant un crime de fes devoirs, & une vertu de fes foibleffes ; obligée d'agir, & n'osant entreprendre ; toûjours suspendue entre les intérêts publics, & ses pieuses frayeurs ; & ne faisant usage de la Religion, que pour mettre le trouble & la confusion où elle auroit dû mettre l'ordre & la regle. Ce sont-là les défauts que les hommes mêlent souvent à la piété : mais ce ne sont pas ceux de la piété même ; c'est le caractere d'un esprit foible & borné : mais ce n'est pas une suite de l'élévation & de la sagesse de la Religion ; en un mot, c'est l'excès de la vertu : mais la vertu finit toûjours où l'excès commence. La véritable piété éleve l'esprit, ennoblit le cœur, affermit le courage. On est né pour de grandes choses, quand on a la force de se vaincre soi-même. L'homme de bien est capable de tout, dès qu'il a pû se mettre par sa vertu au-dessus de tout. C'est le hasard qui fait les héros ; c'est une valeur de tous les jours qui fait l'homme de bien. Les passions peuvent nous placer bien haut, mais il n'y a que la vertu qui nous éleve au-dessus de nous-mêmes.

Tout ce qui combat une obligation essentielle, ne peut être une œuvre de piété : Dieu ne compte point des œuvres qu'il ne demande point. Tel est souvent le goût bisarre de l'homme ; le joug du devoir n'a rien qui flate l'orgueil, c'est un goût forcé & étranger qu'on ne s'est point imposé soi-même, qui n'offre que le devoir tout seul, toûjours triste & dégoûtant, & sous lequel l'amour-propre a de la peine à plier : mais les œuvres de notre choix, nous nous y prêtons avec complaisance ; c'est un joug de notre façon qui ne nous blesse jamais ; & ce qu'il pourroit avoir de pénible, est toûjours adouci par le goût qui nous y porte, ou par le plaisir secret que l'on sent de l'avoir soi-même choisi. N'ajoûtons rien du nôtre à la Religion ; elle est pleine d'une raison sublime, pourvû que nous la laissions telle qu'elle est : mais dès que nous y voulons mêler nos goûts & nos idées, ce n'est plus, ou qu'une philosophie seche & orgueilleuse qui donne tout à la raison, & qui ne fournit rien de tendre pour le cœur, ou qu'un zele superstitieux & bisarre que la saine raison méprise, & que la foi désavoüe & condamne.

PITIÉ. *Voyez* Compassion.

La différence qu'il y a entre ces deux mots vient des idées accessoires qu'on y attache & de la cause qui les produit. On prend assez communément le terme de pitié en mauvaise part, & celui de compassion au contraire. Il semble que la pitié vienne de notre foiblesse, & la compassion de l'amour & de l'humanité.

Pieux, *Voyez* Dévot.

Plaisanterie.

La plaisanterie est une maniere d'envisager & de peindre les objets par le côté ridicule. La bonne plaisanterie demande de la finesse & de l'enjoüement : c'est une qualité de l'esprit qui est fort rare.

Plaisir.

Le plaisir, dit M. de Maupertuis, est une sensation que l'ame aime mieux éprouver, que ne pas éprouver : j'admets cette définition, qui me paroît juste & exacte.

On divise les plaisirs *en plaisirs des sens, en plaisirs de l'esprit, en plaisirs du cœur ou du sentiment, en plaisirs naturels & chimériques, en plaisirs réels & imaginaires, en plaisirs faux & véritables.*

Les plaisirs naturels sont ceux que

nous offre le spectacle de la nature, un beau jardin, une belle prairie, un beau jour, &c. Tout le monde peut joüir de ces plaifirs-là, le pauvre comme le riche.

Les plaifirs chimériques font ceux qui ne font fondés que fur l'opinion des hommes, comme le plaifir de paffer pour beau, pour brave, pour riche, &c.

Les plaifirs réels font ceux qui dépendent de nous, & qui ne font point fujets au changement. Je ne connois de ces plaifirs-là que la fatisfaction conftante que nous procure la vertu.

Les plaifirs imaginaires font ceux que nous procure l'imagination, & qui ne font pas tels pour tous les hommes ; ils naiffent du rapport que les objets extérieurs ont avec notre façon de fentir.

Tous les plaifirs qui ne tiennent qu'à l'imagination, ne font pas durables, parce que l'imagination tôt ou tard s'affoiblit, & le plaifir avec elle.

Les plaifirs faux font ceux qui font

ſuivis de peines, & qui cauſent les remords & le repentir.

Les plaiſirs véritables ſont ceux
que la fortune ne peut nous enlever.

Les plaiſirs des ſens ſont ceux qui
nous viennent immédiatement des
objets ſenſibles; ce ſont ceux que nous
procurent l'imagination & les beſoins:
c'eſt auſſi ce que l'on appelle plaiſirs naturels. Ils conſiſtent dans les
vifs mouvemens de toutes les parties
du corps, & dans l'exercice de nos
facultés.

Les plaiſirs de l'eſprit ſont ceux
que la réflexion nous procure : ils
conſiſtent dans l'exercice des facultés
de l'eſprit.

Les plaiſirs du cœur ſont ceux
qui naiſſent de nos affections ; ils
conſiſtent ſurtout dans l'idée de la
perfection qu'on découvre dans ſoi,
ou dans les autres.

Tous ces plaiſirs ſont ſubordonnés
les uns aux autres. Les plaiſirs des
ſens ſont plus vifs, mais moins conſ-

tans que ceux de l'esprit ; les plaisirs de l'esprit sont plus durables & plus satisfaisans ; les plaisirs du cœur sont plus constans & plus pénétrans : les sens se fatiguent, l'esprit se lasse, le cœur seul peut nous procurer des plaisirs continuels.

Le plaisir se trouve dans tous les âges, dans tous les états, dans toutes les conditions, dans toutes les situations de la vie.

L'ignorance & la vive impression des objets, font les plaisirs de la jeunesse ; l'exercice d'une Charge ou d'une Profession, font ceux de l'âge viril; l'expérience & la sagesse forment ceux de la vieillesse ; la tranquillité de l'esprit & le repos du corps, font ceux des personnes qui ont pris le parti de l'Eglise ; le sentiment de la tendresse conjugale & filiale, est celui du mariage ; l'indépendance & la liberté, celui du célibat.

L'estime & la considération publique font les plaisirs des Magistrats,

des Militaires, des Savans, &c. L'eſpérance d'établir une fortune., ſont
ceux des commerçans : la ſanté & la
tranquillité de l'eſprit, ceux de la vie
ruſtique.

Croiroit-on que l'adverſité même a
ſes plaiſirs ? elle les trouve dans la
fermeté avec laquelle elle ſupporte
les peines, dans la ſoûmiſſion au de-
cret de la Providence, & dans la modération de ſes déſirs : enfin, tout
ici bas ſe change en plaiſirs pour ceux
qui ſavent en joüir : l'eſpérance de la
ſanté fait ceux de la maladie, & ceux
d'une félicité éternelle ceux de la
mort.

C'eſt dans la modération des deſirs, dans la facilité de les ſatisfaire,
dans le ſentiment de la poſſeſſion que
conſiſtent ſurtout les plaiſirs : c'eſt
pourquoi l'on doit ſe défier de cette
ſoif inſatiable qui épuiſe l'ame, &
la fait tomber dans la langueur. L'a-
bus des plaiſirs, & ſurtout des plaiſirs des ſens produit le dégoût, l'en-

nui, l'inquiétude, la douleur & les maladies. Il n'appartient qu'au sage d'en joüir : plus il connoît l'imperfection du plaisir, & plus il est capable de le goûter ; un jeune homme s'en forme des idées fausses, & le dégoût suit infailliblement la joüissance & la connoissance de la vérité.

Le plaisir est relatif au tempérament, & à la façon de penser ; ce n'est pas tel plaisir qui nous rend heureux : mais nous sommes heureux de joüir d'un tel plaisir, parce qu'il a du rapport à notre façon de sentir.

Plaisir. Voici une des plus jolies Fables de l'Abbé *Grécourt* sur l'abus du plaisir.

> Un œillet dans un parterre
> Causant avec d'autres fleurs,
> Leur disoit : Tenez, mes Sœurs,
> Si quelque jeune Bergere
> Vient me choisir un matin
> Pour me mettre sur son sein,
> Je veux y prendre racine.
> Eh bien vous serez choisi,
> Petit œillet cramoisi,

Dit une beauté divine,
Qui l'entend parler ainſi :
Venez ſous ma mouſſeline.
A ce propos radouci
L'œillet tranſporté s'exhale
En parfums délicieux ;
A chaque inſtant il ſignale
Le triomphe de ſes feux :
Mais bientôt l'odeur s'épuiſe.
Vainement l'œillet ſurpris
Cherche de nouveaux eſprits,
Il ſe pâme, il agonize.

Doux tranſports, tendres plaiſirs !
Ah ! que vos vives amorces
Ne portent-t'elles nos forces
Auſſi loin que nos deſirs ?

POLITESSE.

La politeſſe eſt la façon de témoigner aux gens les égards qui ſont dûs à leur naiſſance, à leur rang, ou à leur talent ; elle conſiſte dans les manieres, dans les attentions & les diſcours obligeans : c'eſt le fruit de l'éducation & de l'uſage du monde.

La fine politeſſe ſuppoſe de la douceur, de la ſoupleſſe dans l'eſprit, &

une grande connoiffance du cœur humain, & des perfonnes qui font l'objet de nos attentions.

POLITIQUE.

La politique eft l'art de gouverner les hommes raffemblés en fociété ; fes maximes font fondées fur la connoiffance de l'homme & de fes devoirs.

Ce qui eft contre les mœurs, ne fauroit être avantageux à la politique.

POLTRONNERIE.

La poltronnerie eft la crainte du danger ; elle differe de la lâcheté en ce qu'elle s'expofe au danger malgré la crainte, tandis que la lâcheté le fuit.

La poltronnerie n'eft point un vice du cœur ni de l'efprit ; elle n'eft caufée que par la furprife du danger, & l'amour que tout homme a pour fa confervation : l'habitude feule du péril fait la bravoure.

La

La poltronnerie n'eſt qu'une foi-bleſſe, & la lâcheté eſt un vice.

PRÉCIPITATION.

La précipitation dans nos juge-mens eſt une des ſources de nos er-reurs; la précipitation dans nos ac-tions, eſt l'effet de la vivacité qui vient du tempérament: on la nomme *étourderie.*

PRÉCISION.

La préciſion eſt une qualité de l'eſ-prit, qui ne dit préciſément que ce qu'il faut; elle conſiſte dans la net-teté, la brieveté & la juſteſſe de l'ex-preſſion.

PRÉJUGÉS.

Les préjugés ſont les opinions que nous recevons des autres ſans les ap-profondir. Nous ne devons recevoir aucun principe, que nous ne l'ayons d'abord ſoûmis à l'examen de la rai-ſon.

S

Il y a plusieurs sortes de préjugés, les préjugés nationaux, les préjugés de Religion & les préjugés des passions.

Les préjugés nationaux sont les usages & les coûtumes d'un Pays: usages qui sont contraires à la raison. Ils se divisent en préjugés généraux de la nation, & en préjugés des particuliers suivant l'âge & le sexe.

Les préjugés nationaux, sont les maux d'opinion, tels que le mépris, la réputation, la noblesse, la gloire, la grandeur, l'honneur, &c. Les préjugés d'Etat sont le mépris de la roture, l'amour de la gloire, l'amour du faste, &c.

Les préjugés des passions, sont les jugemens précipités que nous dicte l'intérêt, l'amour-propre, le tempérament, l'amour, la haine, la vengeance, la colere, l'ambition, la paresse, &c.

Les préjugés de Religion sont les effets de la superstition. Cette matiere eſt ſi reſpectable , qu'on doit toûjours appréhender d'en parler : ainſi je finis cet article, qui me meneroit trop loin , ſi je voulois parler de toutes les eſpeces de préjugés. Chaque ſexe , chaque âge , chaque ſecte , chaque Pays , chaque Province , chaque Ville , chaque famille **a** les ſiens : je me contente de citer un exemple , qui prouvera invinciblement le pouvoir des préjugés.

Les anciens Brachmanes dans les Indes, quand ils ſont accablés des infirmités de la vieilleſſe, s'en délivrent en ſe faiſant brûler vifs : cette action paſſe parmi eux pour courage & grandeur d'ame.

PRÉSOMPTION.

La préſomption eſt un vice de l'eſprit , qui compte trop ſur ſes propres forces : Elle naît de l'amour-propre , & ſouvent de l'ignorance.

PRESTIGE.

Le prestige est un faux prodige qu'on opere par une cause naturelle, mais inconnue ; la plûpart des Religions sont remplies de faux miracles, qui ne font que les prestiges d'un ministre avare ou ambitieux.

PRÉVENTION.

La prévention est un jugement que l'opinion des autres nous fait recevoir sans l'avoir examiné : elle est l'effet de la paresse & de l'incapacité de penser, & la source de la plûpart de nos erreurs.

PRÉVOYANCE.

La prévoyance est une connoissance anticipée de l'avenir, fondée sur la science des effets, que doivent produire les causes physiques ou morales.

La prévoyance des maux est le grand art de les affoiblir lorsqu'ils arrivent ; cependant il faut les prévoir comme pouvant, & non pas comme devant néceſſairement arriver : de façon que la crainte de l'avenir ne trouble pas la joüiſſance du préſent.

PRINCIPE.

En morale les principes ſont les vérités inconteſtables fondées ſur l'évidence, & qui ſervent de fondement au raiſonnement, & de regle pour la conduite de la vie ; par exemple, il n'y a perſonne qui ne ſente l'évidence de ces maximes : la vertu vaut mieux que le vice, le bien eſt préférable au mal, la ſcience à l'ignorance, la vérité à l'erreur.

Ces vérités une fois reconnues, on peut raiſonner ainſi : ſi le bien eſt préférable au mal, il faut donc rechercher le bien & fuir le mal.

Si quelqu'un doutoit de cette vérité, ou étoit d'aſſez mauvaiſe foi pour la nier, il feroit aiſé de l'en convaincre, en lui définiſſant le bien ce qui contribue à notre bonheur, & le mal ce qui lui est nuisible, &c.

En Physique le principe des choses est la cause qui les produit ; par exemple, le feu est le principe de la chaleur, &c. Héraclite & Hippias ont cru que c'étoit le feu qui étoit le premier principe de toutes choses ; Anaximene & Diogene disoient que c'étoit l'air ; Thalès prétendoit que c'étoit l'eau, parce qu'elle lie les corps ; Hésiode avançoit que c'étoit la terre, & Empédocle soûtenoit plus vraisemblablement, que c'étoient les quatre élémens, auxquels il ajoûta deux facultés qu'il nommoit accord & discord : l'accord servoit à l'union, & le discord à la ruine.

Mochus Phénicien, Leucipe, Démocrite, Epicure & Lucrece, & parmi les modernes Gassendi, ont cru que c'étoient des atômes ; Descartes la matiere subtile, qui a grand rapport avec les atômes qui me paroissent mieux inventés, à cause

du vuide que Gaffendi y admet, &
que Defcartes nie : d'ailleurs, Gaffendi affûre les atômes indivifibles;
& Defcartes veut que la matiere fe
divife à l'infini : enfin, après tous
ces Philofophes eft venu Newton,
qui rapporte tout à l'attraction comme au premier principe de toutes
chofes.

PROBABILITÉ.

La probabilité eft l'apparence de
la convenance des idées, fur des preuves qui ne font pas infaillibles. Ces
preuves font fondées fur la confor-
mité d'une chofe avec notre expérience, ou fur le témoignage de l'expérience des autres.

PROBITÉ.

La probité eft l'effet de la droiture, la droiture eft le fentiment de
la juftice. *Voyez* Droiture.

PRODIGALITÉ.

La prodigalité eſt une libéralité exceſſive. Elle vient moins de la gé-néroſité, que de l'impuiſſance de re-fuſer, & du deſir ardent de ſatisfaire ſes paſſions; deſir qui nous ferme les yeux ſur le prix qu'elle nous coûtent à ſatisfaire : rarement la généroſité paſſe les bornes du pouvoir. *M. de Marivaux l'a dit :* la vertu n'eſt que libérale, le vice ſeul eſt prodigue.

PROFESSION.

La profeſſion eſt l'état de vie que les gens à talens ou les gens d'arts & de métiers ont embraſſé. Les hom-mes ont attaché des diſtinctions & des honneurs à de certaines profeſ-ſions, & en ont dégradé d'autres : il en eſt ſans doute qui par leur impor-tance & leur utilité méritent la pré-férence ſur les autres : mais on n'a pas toûjours ſur ce ſujet des idées bien juſtes. Toute profeſſion eſt eſtimable lorsqu'on la fait bien ; je n'en connois de méprisables que celles qui blessent l'humanité. Mais, dit-on, tout crime demande une réparation : oui sans doute, mais malheureux sont ceux qui en sont l'instrument.

PROFONDEUR.

La profondeur est le terme de la réflexion, au-delà duquel on ne peut aller. La grande vivacité de l'imagination nuit à la profondeur, parce qu'elle nous emporte hors de nous : mais la profondeur n'exclut point une espece de vivacité : au contraire il en faut pour approfondir une pensée.

PROVIDENCE.

La providence est cette intelligence suprème qui regle toute chose : elle éclate dans l'égale distribution des biens & des maux : elle départ aux pauvres d'esprit des richesses qu'ils ne pourroient acquérir eux-mêmes ; & à ceux que la fortune a maltraités, dés talens pour les gagner, ou du moins la fermeté néceſſaire pour ſupporter les peines, & la ſanté pour joüir des plaiſirs qui ſont communs à tous les hommes, la tranquillité de l'eſprit & la paix du cœur.

La providence divine éclate également dans la diſtribution des choſes néceſſaires à la vie. Elle a donné aux Peuples du Nord des fourures pour ſe défendre des rigueurs du froid ; & aux Peuples qui habitent le Midi, des raſraîchiſſemens pour appaiſer la ſoif brûlante qui les dévore.

Epicure ſoûtenoit que Dieu, joüiſ-ſant dans un éternel repos d'un bonheur inaltérable, il ne ſe mêloit point du gouvernement de l'Univers : Voici, je crois, ce que l'on peut penſer de plus raiſonnable ſur la providence.

La providence a préſidé à la naiſ-ſance & à l'ordre de l'Univers ; elle a réglé le cours des Aſtres, qui forment la ſucceſſion des ſaiſons & la différen-ce des climats ; elle entend les vœux

& les prieres de ceux qui l'invoquent ;
& elle communique à l'homme cette
divine lumiere que nous nommons la
raifon ; & qui nous guide fûrement
dans nos actions : mais elle ne préfide
pas néceffairement à toutes nos actions. Nous avons le libre arbitre
qu'elle peut déterminer au bien , mais
qu'elle ne force pas : c'eft cette deter-
mination que nous nommons la grace.

PRUDENCE.

La prudence eft une délibération
des moyens qui peuvent nous conduire
au but que nous nous propofons ; elle
renferme l'examen, la réfolution, l'exécution , & la circonfpection. La circonfpection regle notre croyance, nos
fentimens, nos paroles, & nos actions ;
la circonfpection dans nos fentimens
regle l'amour - propre qu'on doit
étouffer en fe comparant avec des
gens au-deffus de nous pour les avantages que nous croyons poffeder ; elle
regle les defirs du cœur, qui devien-

nent paſſions ſi on ne leur tient la bri-
de, les appetits corporels qui nous
procurent les plaiſirs quand on les
ſatisfait avec modération & ménagement, les paſſions qui nous pòrtent à
acquérir des richeſſes ou des honneurs, & qui ſont ſi utiles à la ſociété,
& ne deviennent nuiſibles que par leur
excès.

La circonſpection dans les paroles
& dans les actions eſt ordinairement
le fruit de la circonſpection dans les
penſées & dans les ſentimens ; & celle même des ſentimens vient de notre
façon de penſer : ainſi il eſt très-important d'apprendre à bien penſer.
Elle bannit la médiſance, la raillerie, l'indiſcrétion, & la liberté cyni-
que des propos.

La circonſpection dans nos actions
ne nous laiſſe rien faire qui ne porte
un caractere de droiture & de vertu ;
& elle nous preſcrit la maniere de le
faire, qui eſt celle des autres ; elle
nous preſcrit l'étude des uſages, les

bons exemples, les bienséances & la pudeur.

PUDEUR.

La pudeur est le sentiment de l'honnête.

PYRRHONISME.

Le pyrrhonisme est le doute, l'incertitude de l'existence des choses, réduite en système par Pyrrhon. Il est d'autant plus dangereux pour la morale & la politique, qu'il est spécieux.

Q.

QUALITÉ.

Les qualités sont les attributs des choses ; c'est ce qui leur est propre, ce qui leur appartient.

On voit par cette définition que chaque chose a ses qualités bonnes ou mauvaises : mais mon dessein n'est de parler ici que des qualités du cœur & de l'esprit.

Les qualités du cœur, qu'on nomme aussi qualités essentielles, viennent du tempérament, ou pour mieux dire sont les qualités du tempérament même.

Les qualités de l'esprit sont celles qui doivent leur naissance à la réflexion ; mais qui comme les autres viennent originairement de la constitution.

R.

RAILLERIE.

La raillerie, qui naît d'un mépris content, est une loüange ironique : elle demande dans l'esprit beaucoup de finesse & de delicatesse ; de la finesse pour saisir les ridicules ; & de la délicatesse pour les peindre sans choquer l'amour propre.

RAISON.

La raison est le jugement formé par l'habitude de refléchir sur les choses qui ont du rapport avec nous. Son office eſt de régler notre conduite. Le motif qui la détermine eſt le deſir de ſe rendre heureux , & le bonheur eſt le but qu'elle ſe propoſe ; & auquel elle peut ſeule nous conduire.

On a beau nous dire que l'inſtinct eſt plus ſûr que la raiſon pour nous rendre heureux & apporter en preuve l'exemple des enfans : ils ne ſont heureux que comme un homme qui rêve , & qui ne jouit du bonheur qu'en ſonge. C'eſt le ſentiment du bonheur , c'eſt la connoiſſance que nous en avons, qui fait les charmes de la félicité.

Voici le portrait de la raiſon , que M. de *Boiſſi* a enviſagée par ſes avantages & ſes abus, dans la charmante Comédie de *l'Homme du Jour.*

LE MARQUIS.

Pour moi je reconnois une ſaine raiſon.
Loin d'être un préjugé, Madame, elle
    s'occupe
A détruire l'erreur, dont le monde eſt la
    dupe ;
Nous aide à démêler le vrai d'avec le
    faux ;
Epure les vertus , corrige les défauts ;

Eſt de tous les états, comme de tous les
    âges,
Et nous rend à la fois ſociables & ſages.
LA COMTESSE.
Moi je ſoûtiens qu'elle eſt elle-même un
    abus,
Qu'elle accroît les défauts, & gâte les
    vertus,
Etouffe l'enjoüement, forme les ſots
    ſcrupules,
Et donne la naiſſance aux plus grands
    ridicules,
De l'ame qui s'éleve arrête les progrès,
Fait les hommes communs, & les pédans
    parfaits :
Raiſon qui ne l'eſt pas, que l'eſprit vrai
    mépriſe,
Que l'on nomme bon ſens, & qui n'eſt
    que bêtiſe.
LE MARQUIS.
Le bon ſens n'eſt pas tel.
LE BARON.
        Mais il en eſt pluſieurs.
Chacun a ſa raiſon qu'il peint de ſes cou-
    leurs,
La Comteſſe à beau dire, elle-même a la
    ſienne.
LA COMTESSE.
J'aurois une raiſon !
LE BARON.
        Oui, la choſe eſt certaine,
              Sous

Sous un nom opposé vous respectez ses
    loix.

LA COMTESSE.

Quelle est cette raison qu'àpeine je con-
    çois?

LE BARON.

Celle du premier ordre, à qui la bour-
    geoisie
Donne vulgairement le titre de folie;
Qui met sa grande étude à badiner de
    tout,
Est mere de la joie, & source du bon
    goût;
Au milieu du grand monde établit sa
    puissance,
Et de plaire à ses yeux enseigne la science;
Prend un essor hardi, sans blesser les
    égards,
Et sauve les dehors jusques dans ses
    écarts;
Brave les préjugés & les erreurs grossie-
    res,
Enrichit les esprits de nouvelles lumie-
    res,
Echauffe le génie, excite les talens,
Saît unir la justesse aux traits les plus
    brillans;
Et se moquant des sots dont l'Univers
    abonde,
Fait le vrai Philosophe, & le sage du
    monde.

T

Je ne puis mieux finir cet article, que par cette belle strophe de M. *Rousseau* sur l'abus de la raison.

> Loin que la raison nous éclaire
> Et conduise nos actions,
> Nous avons trouvé l'art d'en faire
> L'orateur de nos passions.
> C'est un Sophiste qui nous joüe :
> Un vil complaisant qui se loüe
> A tous les fous de l'Univers,
> Qui, s'habillant du nom de sages,
> La tiennent sans cesse à leurs gages,
> Pour autoriser leurs travers.

RAISONNEMENT.

Le raisonnement est l'art de comparer des idées, & de déduire des conséquences, des rapports que les choses ont entr'elles.

Le raisonnement nous sert à connoître si une proposition est vraie ou fausse, en la comparant avec une autre qui y a rapport.

Faux raisonnement. *Voyez* Sophisme.

RECONNOISSANCE.

La reconnoissance est le sentiment d'un bienfait, joint au desir de témoigner l'obligation qu'on en a.

C'est une vertu d'autant plus esti-
mable, qu'elle est le fruit pénible de
la réflexion : car les hommes font naturellement ingrats. Leur amour-propre se trouve humilié de recevoir ; &
l'on voit souvent, à la honte de l'humanité, que bien loin de chercher à
témoigner la reconnoissance d'un
bienfait, on fuit le bienfaiteur : cependant l'habitude de la reconnoiffance, nous en rend la pratique si
facile, qu'elle nous semble à nous-
mêmes une disposition naturelle.

RÉFLEXION.

La réflexion, selon M. *de Vauve-*
nargue, c'est la puissance de nous
replier sur nos idées, de les modi-
fier, & de les combiner de diverses
manieres : elle est le grand principe
du jugement & du raisonnement.

REGRETS.

Les regrets font le souvenir de
T ij

la perte d'un bien qu'on eſt fâché d'avoir perdu. Ce ſouvenir produit un ſentiment douloureux, qui ne ſert qu'à nous chagriner.

RELIGION.

La Religion eſt le culte qu'on rend à la Divinité. Toute Religion qui favoriſera la paſſion dominante d'un Peuple, eſt ſûre d'en être bien reçûe : La loi de Mahomet qui flate la paſſion des femmes, en eſt une preuve.

Les Déiſtes n'admettent point de culte ; & les Tolérans prétendent que tout culte honore la Divinité, & que la différence des Religions lui importe peu.

La Religion eſt bien plus puiſſante ſur l'eſprit des hommes qui en ſont perſuadés, que la Philoſophie ; elle nous fait mieux ſupporter les revers de la fortune, les peines & les infirmités attachées à l'humanité.

Heureux celui qui plein de crainte
Pour la Divine Majeſté,

Marche sans détour & sans feinte
Dans le sentier de l'équité.
Rien ne trouble sa paix profonde ;
Il voit dans sa maison féconde
Croître les fils de ses enfans ;
Et leur jeunesse florissante
Dans la vertu toûjours constante
Sera l'appui de ses vieux ans.

Recueil de l'Academie,
année 1715.

REMORDS.

Le remords est le sentiment du crime dont on craint le châtiment ; c'est le témoignage de la conscience, qui condamne nos actions : c'est la premiere peine du crime, qui par cette raison n'est jamais sans châtiment, malgré la prospérité dont il paroît souvent joüir.

Sous des lambris dorés l'injuste ravis-
    seur,
Entretient le vautour dont il est la vic-
    time :
Combien peu de mortels connoissent la
    douceur
D'un bonheur pur & légitime !

Rousseau.

T iij

*Remords.*Tandis que nous sommes occupés de ce spectacle, les remords des crimes ou les furies compagnes éternelles d'Oreste, viennent détourner nos regards. Non, ce n'est, ni le Styx, ni les ombres malheureuses, ni la nuit environnée d'horribles ténebres qui leur ont donné l'être. C'est pis que ces monstres fabuleux ; ce seroit ce qu'il y a de plus détestable sur la terre, si elles n'avoient pour mere une ame plus détestable encore, & pour pere un cœur dévoüé au crime. Et certes la nature eut raison d'unir, comme les sœurs aux freres, les peines aux forfaits, afin que le coupable devînt en même-tems sa victime & son bourreau.

A peine Caïn eut-il souillé la Terre par le premier fratricide, qu'il sentit la voix du remords vengeur. Frappé de l'image de son attentat, il se détermina à s'exiler lui-même, à s'enfoncer dans les forêts, à chercher des climats inconnus, & à cacher sa honte dans le sein des rochers escarpés. Les remords le suivirent en tous lieux. Combien d'efforts ne fit-il pas pour en arracher, ou pour en émousser les pointes ? Le trait étoit attaché pour toûjours à son cœur. De son sein blessé sortoit une éternelle voix, que ni l'amour des richesses, ni les plaisirs qu'elle rendoit amers, ni d'immenses travaux ne pouvoient étouffer ou interrompre. Combien de fois l'Etoile du soir & du matin le

trouva-t'elle pouffant de longs foûpirs &
de pitoyables gémiffémens! Si un fommeil
dérobé à fa douleur venoit s'emparer de fes
fens, les illufions légeres & le fimulacre
d'un frere toûjours reconnoiffable malgré
la pâleur qui terniffoit fa beauté, fe pré-
fentoient à fon efprit avec des menaces de
mort & de lamentables cris. C'eft de cette
époque fatale, que les furies commence-
rent à voltiger autour des coupables, & à
les pourfuivre avec des torches ardentes.
Nemefis fit dès-lors entendre fes clameurs
plus effroyables que le tonnerre. Tant le
Ciel eut foin d'empêcher qu'un cœur pût
être impunément fcélérat & paifible dans
fes attentats, ou malfaicteur jufques dans
le fein de la paix!

REPENTIR.

Le repentir eft le fentiment des
fautes qu'on voudroit n'avoir pas
faites, joint au defir de les réparer.

RÉPUTATION.

Ce n'eft pas le motif des actions
des hommes qui établit leur réputation, c'eft le fuccès qui en décide.
Nous le voyons dans l'exemple des

conquérans, qui ne méritent la gloire que par la justice de leurs entreprises, & qui l'obtiennent par le succès.

L'amour de la gloire & de la réputation, est souvent le plus grand obstacle qui s'opppose au bonheur. Nous nous conduisons par les préjugés de la naissance & de la condition. Tel homme, qui dans un état obscur, vivroit en citoyen, en sage, va s'enterrer dans une campagne pour y cacher une fortune, dont sa vanité auroit trop à souffrir. Cela s'appelle selon le monde, *soûtenir son rang, avoir de l'honneur, sentir ce que l'on est.*

Le sage se met au-dessus des jugemens des hommes, lorsqu'ils s'écartent de la vertu ; & il joüit du bonheur, tandis que les hommes préferent la fausse gloire de paroître heureux, aux solides avantages qui pourroient leur procurer le bonheur.

RESPECT.

Le respect est le sentiment de la supériorité que les autres ont sur nous ; c'est un hommage que l'on rend aux talens, aux rangs, à la naissance, & souvent à la fortune.

REVERS.

Le revers est le changement de la bonne fortune en la mauvaise. *Voyez* Adversité.

RICHESSE.

On appelle richesse généralement tous les biens de la fortune.

On a attaché une gloire à celui qui les méprise : cette gloire me paroît bien chimérique ; les richesses font un bien, dès qu'on peut les acquérir par des moyens honnêtes ; elles nous donnent de la considération, & nous procurent les moyens d'être utiles à la société : il est vrai qu'elles font ordinairement la source de l'incontinence, de l'envie, &c. mais c'eſt leur abus qui produit tous ces maux.

Un homme qui ſe connoît en mé-rite n'en eſtime pas un autre, parce qu'il a des richeſſes, mais parce qu'il a eu le talent d'en acquérir par des voies légitimes : il fait plus de cas d'un pauvre vertueux, que d'un ri-che fripon.

> Si l'or prolongeoit la vie,
> Je n'aurois point d'autre envie,
> Que d'amaſſer bien de l'or ;
> La mort me rendant viſite,
> Je la renverrois bien vîte
> En lui donnant mon thréſor.
> Mais ſi la Parque ſévere
> Ne le permet pas ainſi,
> L'or ne m'eſt plus néceſſaire ;
> L'amour & la bonne chere,
> Partageront mon ſouci.

Fontenelle.

RIDICULE.

Le ridicule eſt tout ce qui n'eſt pas naturel, & qui dès-lors paroît affeCté.

Il y a des ridicules de convention, ce font ceux qui font contre la bien-féance, & les ufages reçûs : ils font attachés à l'âge ou à la profeffion ; par exemple, on eft convenu qu'un Magiftrat devoit avoir un air grave, s'il prend l'air d'aifance & le ton ba-din du militaire, il paffera pour ri-dicule : de même qu'un vieillard qui affecteroit l'enjoüement & la vivacité d'un jeune homme.

Cette forte de ridicule eft un pré-jugé que méprife l'homme fenfé, mais dont il s'écarte cependant le moins qu'il peut dans fa conduite, parce que nous devons refpecter les préjugés qui ne font pas abfolument contraires à la vertu.

ROIDEUR.

La roideur dans l'efprit & dans le caractere, eft une forte oppofition aux fentimens & aux actions des autres : c'eft un défaut de tempérament.

La roideur dans la conduite des

fupérieurs, vient quelquefois de l'amour de l'ordre : mais c'eft toûjours un défaut, parce qu'elle marque de l'humeur, & que l'humeur eft plus propre à aigrir & à aliéner les efprits, qu'à les ramener au devoir.

RUDESSE.

La rudeffe eft un défaut de l'efprit dans les délicateffes ou dans les manieres, c'eft le fruit d'une éducation négligée.

RUSTICITÉ.

La rufticité eft une maniere d'agir contre la politeffe. La différence qui fe trouve entr'elle & l'impoliteffe, vient de la caufe qui les produit. La rufticité vient de l'ignorance des ufages : & l'impoliteffe marque une détermination de la volonté.

S.

SAGACITÉ.

La sagacité est une qualité de l'esprit qui rend par des images sensibles les idées abstraites : elle vient de l'imagination jointe à une pénétration vive & prompte, qui découvre dans les choses les rapports les plus éloignés : elle a beaucoup de ressemblance avec la finesse ; dont elle diffère cependant, en ce que l'une ne cherche que le rapport des choses ; tandis que l'autre cherche aussi à les approfondir, à découvrir leurs principes, & à rendre les idées par ce qu'elles ont de sensible & de frappant.

La sagacité renferme une idée de facilité qui vient de la netteté de l'imagination.

SAGESSE.

Les Moralistes distinguent trois sortes de sagesse, la mondaine, l'humaine & la divine.

La sagesse mondaine n'en mérite

pas le nom, ſes maximes ſont fondées ſur l'empire des préjugés & contraires à la raiſon : elle preſcrit pour toute regle de conduite, de ſuivre tous les uſages, quelques vicieux qu'ils ſoient.

La ſageſſe humaine cherche, dans la connoiſſance de l'homme & de ſes devoirs, les moyens qui peuvent le conduire au but qu'il ſe propoſe, de ſe rendre heureux dans cette vie : la ſageſſe divine porte ſes vûes & ſes eſpérances plus loin, & rapporte à Dieu, principe de tout bonheur, toutes ſes penſées & toutes ſes actions. Je ne parlerai que de la ſageſſe humaine.

La ſageſſe humaine eſt la connoiſſance & l'affection du vrai bien ; elle nous apprend l'art de modérer nos paſſions, de joüir des plaiſirs, de diſſiper les chagrins, & de ſupporter les peines : la volupté en eſt le fruit.

On n'acquiert la ſageſſe qu'en ſuivant les maximes de la raiſon, en nous rapprochant de la nature, & en ſécoüant les préjugés.

Sagesse. Portrait du Sage.

Si dans le monde il est un Sage
Qui sache modérer ses vœux,
Seul il mérite l'avantage
De porter le titre d'heureux.

Il vit content de la fortune ;
Quelque part que le Ciel l'ait mis,
Jamais sa plainte n'importune
Ni les Princes, ni ses Amis.

Il ignore le vil commerce
Que les hommes font de leur cœur,
Et ne sait point comment s'exerce
L'infame métier de flateur.

Tous ses desseins sont légitimes,
Et conformes à la raison ;
Il est toûjours juste, & des crimes
Il ignore même le nom.

Dégagé de toute contrainte,
Le repos fait tout son plaisir ;
Et content, il voit tout sans crainte,
Parce qu'il voit tout sans desir.

Il joüit d'une paix profonde,
Que nul remords ne peut troubler ;
Et la chûte même du monde
Ne sauroit le faire trembler.

Ruiperou.

SAILLIES.

Le mot de ſaillies, dit M. de *Vauvenargue*, vient de ſauter ; avoir des ſaillies, c'eſt paſſer ſans gradation d'une idée à une autre qui peut s'y allier, & ſaiſir les rapports des choſes les plus éloignées, ce qui demande ſans doute de la vivacité & un eſprit agile. Ces tranſitions ſoudaines & inattendues cauſent toûjours une grande ſurpriſe ; ſi elles ſe portent à quelque choſe de plaiſant, elles excitent à rire ; ſi à quelque choſe de profond, elles étonnent ; ſi à quelque choſe de grand, elles élevent : mais ceux qui ne ſont pas capables de s'élever, ou de pénétrer d'un coup d'œil des rapports trop approfondis, n'admirent que ces rapports biſarres & ſenſibles, que les gens du monde ſaiſiſſent ſi bien. Et le Philoſophe qui rapproche par de lumineuſes ſentences les vérités en apparence les plus ſéparées, réclame inutilement contre cette injuſtice :

injustice : les hommes frivoles qui ont besoin de tems pour suivre ces grandes démarches de la réflexion, sont dans une espéce d'impuissance de les admirer, attendu que l'admiration ne se donne qu'à la surprise, & vient rarement par degrés.

Les saillies tiennent en quelque sorte dans l'esprit le même rang que l'humeur peut avoir dans les passions. Elles ne supposent pas nécessairement de grandes lumieres, elles peignent le caractere de l'esprit : ainsi ceux qui approfondissent vivement les choses, ont des saillies de réflexion ; les gens d'une imagination heureuse, des saillies d'imagination ; d'autres des saillies de mémoire ; les méchans, des méchancetés ; les gens gais, des choses plaisantes, &c.

Les gens du monde qui font leur étude de ce qui peut plaire, ont porté plus loin que les autres ce genre d'esprit : mais parce qu'il est difficile aux hommes de ne pas outrer ce qui est

V

bien, ils ont fait du plus naturel de tous les dons, un jargon plein d'affectation. L'envie de briller leur a fait abandonner par réflexion le vrai & le solide, pour courir sans cesse après les illusions & les jeux d'imagination les plus frivoles ; il semble qu'ils soient convenus de ne plus rien dire de suivi, & de ne saisir dans les choses que ce qu'elles ont de plaisant & leur surface. Cet esprit qu'ils croyent si aimable, est sans doute bien éloigné de la nature, qui se plaît à se reposer sur les sujets qu'elle embellit, & trouve la variété dans la fécondité de ses lumiéres, bien plus que dans la diversité de ses objets. Un agrément faux & si superficiel est un art ennemi du cœur & de l'esprit, qu'il resserre dans des bornes si étroites ; un art qui ôte la vie de tous les discours, en bannissant le sentiment qui en est l'ame, & qui rend les conversations du monde aussi ennuyeuses, qu'insensées & ridicules.

SANG.

Le sang est cette liqueur rouge, qui coule dans nos veines : ce sont les alimens qui forment le chyle, & le chyle se convertit en sang.

La circulation plus ou moins lente du sang entretient la chaleur, principe de la vie, & forme cette diversité étonnante de tempéramens, au moins autant que la disposition des organes.

SANTÉ.

La santé est cet état de vigueur que le corps éprouve dans ses fonctions, lorsqu'il ne souffre aucune douleur.

SATISFACTION. *Voyez* Contentement.

SCIENCE.

On appelle science les principes certains que nous avons d'un art li-

V i

béral : par exemple, la Géométrie eſt la connoiſſance certaine que nous avons des nombres.

Suivant cette définition, il n'y a que les Mathématiques qui méritent le nom de ſcience ; cependant, nous appellons auſſi du même nom celles qui, ſans avoir des principes auſſi certains, en ont néanmoins d'aſſez évidens pour obtenir notre conſentement ; telles ſont la Phyſique, la Morale, la Médecine, &c.

La Phyſique eſt la connoiſſance des choſes par leurs cauſes & leurs effets ; la Morale eſt la connoiſſance de nos devoirs, & l'art de ſe rendre heureux ; la Médecine eſt la connoiſſance de la ſtructure machinale de l'homme, des maladies qui l'affligent, & des rémedes propres à les guérir.

Toute ſcience a l'utilité pour objet : celle des mœurs eſt préférable à toute autre.

La ſcience qui eſt oppoſée à l'ignorance, eſt cette étendue de connoiſ-

fances que nous acquérons par l'étude
ou par l'expérienee.

SCRUPULE.

Le fcrupule eft un doute qui fait
naître en nous telle ou telle action,
dont la bonté ne nous eft pas encore
connue.

S'il annonce de la probité, on doit
auffi convenir qu'il eft fouvent la
marque de peu d'efprit, ou de beaucoup d'ignorance.

SECHERESSE.

La fechereffe du cœur eft un défaut de fentiment, la féchereffe de
l'efprit eft une difette d'idées.

L'une & l'autre ont la même caufe, le vice des organes des fens, qui
ne font que foiblement affectés des
objets.

Ces défauts répandent un froid
mortel dans le commerce de la fociété, & furtout dans les ouvrages
d'agrément.

V iij

La secheresse n'est pas toûjours une disposition naturelle ; elle est quelquefois l'effet de la maladie, ou du chagrin.

SÉDITION.

Les séditions sont souvent le fruit de trop de sévérité, ou de trop d'indulgence. Ces deux excès sont également à éviter dans la conduite du gouvernement.

SENS.

Les sens sont les organes qui transmettent à l'ame l'impression des objets sensibles. Il y en a cinq, la vûe, l'oüie, l'odorat, l'attouchement & le goût. Les sens sont plus ou moins parfaits, suivant la constitution & la disposition des humeurs.

SENSATION.

La sensation est la maniere dont nous sommes affectés des objets qui frappent les sens : c'est l'effet des sens.

La senſation eſt auſſi un terme de l'Ecole, qu'on emploie pour celui d'imagination.

SENSIBILITÉ.

La ſenſibilité eſt une diſpoſition de l'ame à être facilement affectée des ſentimens, qu'excite en nous tout ce qui a rapport à la morale. La ſenſibilité eſt auſſi une diſpoſition à la tendreſſe & à la compaſſion.

SENSUALITÉ.

La ſenſualité eſt une diſpoſition de l'ame à être facilement affectée des objets ſenſibles, à la différence de la ſenſibilité qui n'eſt affectée que des choſes morales.

La grande ſenſibilité & la grande ſenſualité, ſont le principe des fortes paſſions, & la ſource du génie.

On prend aſſez communément le mot de ſenſualité en mauvaiſe part, lorſqu'on l'emploie pour exprimer le plaiſir que reſſent un gourmand,

& un homme qui a du tempérament. Mais encore une fois la sensualité n'est point un mal : elle ressemble aux plus grands biens ; il n'y a que leur abus de condamnable.

SENTIMENT.

Le sentiment est la maniere dont l'ame est affectée des objets intellectuels, & des choses dépendantes de la morale.

Le sentiment est réveillé dans l'homme par tout ce qui sert à lui rappeller l'idée de son excellence, comme l'amitié, la tendresse, le libre exercice de nos facultés, l'idée de la perfection dans soi-même ou dans les autres.

C'est le sentiment qui excite la mémoire, & qui détermine souvent nos jugemens, & conséquemment nos actions.

SÉVÉRITÉ.

La sévérité est un défaut opposé

à l'indulgence, & qui ne peut être jamais pris dans un sens favorable. On a tort de dire que les Lois exigent de la sévérité dans l'exécution. L'esprit des Lois est de maintenir la justice ; & l'extrème justice devient une injustice.

SIGNE.

Les signes sont tout ce qui nous présente une chose ; ils nous servent à connoître la vérité, & à la manifester aux autres.

Les signes sont ou démonstratifs, ou remémoratifs & pronostiques, certains, ou incertains, ou enfin naturels & arbitraires.

Le signe démonstratif nous indique une chose présente, le remémoratif nous rappelle le passé, le pronostiqué nous prédit le futur. Ainsi, quand nous voyons l'aurore, nous jugeons que le Soleil se levera bientôt. Le signe certain a une liaison intime avec la chose qu'il nous fait connoître ; par exemple, la respiration est un signe certain de vie. Le signe incertain ou probable, nous conduit probablement à quelque connoissance ; par exemple, un pouls vif fait un signe incertain de la fiévre, puisqu'il peut provenir de la moindre émotion. Les signes naturels sont les cris de la nature, ou nous conduisent en suivant l'ordre de la nature : ainsi la fumée est un signe naturel qui fait juger qu'il y a du feu. Les signes arbitraires, qu'on nomme aussi signes d'institution, sont des emblêmes, & dépendent du libre consentement des hommes ; par exemple, quand on voit un bouchon à un cabaret, on est convenu que cela signifieroit qu'on y vend du vin.

Les signes dont nous nous servons pour communiquer nos pensées, sont le geste, la parole. & l'écriture.

Les besoins & les signes accidentels & naturels, excitent l'imagination ; les seuls signes arbitraires, ou

qui font à notre commandement, ré-
veillent la mémoire des objets Métaphyfiques, & l'imagination des objets Phyfiques. Les bêtes n'ont point
de mémoire, parce qu'ils n'ont point
de fignes à leur commandement : c'eft
la repréfentation des òbjets, ou la
liaifon & le rapport de ces objets qui
excitent leur imagination ; par exemple, elles fe repréfentent une chofe
abfente en voyant l'objèt préfent
qu'elles ont vû avec l'abfent : ces deux
objets font tellement liés enfemble
dans leur cerveau, que l'un eft infé-
parable de l'autre.

Il y a des fignes certains pour connoître le tempérament d'une perfonne : on peut s'en rapporter aux geftes
ou à l'expreffion ; par exemple ,
l'homme froid, profond, méditatif,
parle peu, lentement, & ne gefticule prefque jamais ; l'homme vif, au
contraire, gefticule beaucoup, a l'expreffion rapide, la repartie vive, l'efprit pénétrant, &c.

SILENCE.

Le silence est un bien ou un mal, suivant les circonstances ; souvent c'est un effet de notre orgueil, & du mépris que nous faisons des autres. Lorsqu'il vient de la disette des pensées & des sentimens, c'est stupidité : quelquefois c'est une vertu, que la discrétion nous recommande.

SIMPLICITÉ.

La simplicité dans l'esprit est une facilité à croire les choses les plus absurdes ; la simplicité dans le cœur est une disposition de l'ame à recevoir les vérités de la Religion, & les maximes de la Morale ; disposition qui fait naître l'amour de la vertu, mais qui tient toûjours quelque chose du tempérament : la simplicité dans les manieres est une façon d'agir éloignée de toute affectation ; c'est la marque d'un beau naturel, d'un caractere doux, & d'un esprit juste.

Simplicité. La simplicité , dit M. *de Fene-*
lon , est une droiture de l'ame, qui retranche tout retour inutile sur elle-même, &
sur ses actions : elle est différente de la sincérité. La sincérité est une vertu au-dessous
de la simplicité : on voit beaucoup de gens
qui sont sinceres, sans être simples.

La simplicité consiste en un juste milieu,
où l'on n'est ni dissipé, ni trop composé.
L'ame n'est point entraînée par l'extérieur,
ensorte qu'elle ne puisse faire les réfléxions
nécessaires ; mais aussi elle retranche les
retours sur soi, qu'un amour-propre inquiet & jaloux de sa propre excellence
multiplie à l'infini.

La simplicité consiste à n'avoir point de
mauvaises hontes, ni de fausses modesties,
non plus que d'ostentations, de complai-
sances vaines, & d'attention inquiete sur
soi-même.

SINCÉRITÉ.

La sincérité est l'aveu de nos sentimens & de nos pensées : elle est
opposée à la fausseté, qui est un dé-
guisement de ces mêmes sentimens,
& de ces mêmes pensées.

SINGULARITÉ.

La singularité est une maniere d'agir, de parler, de s'habiller, &c. opposée aux usages.

Elle est le fruit d'une vanité cachée, qui cherche à se faire admirer par des sentimens & des actions extraordinaires, & qui par cette conduite s'attire le mépris des autres, dont elle semble faire la critique.

SITUATION. ETAT.

La situation a du rapport à la maniere avec laquelle nous sommes affectés des choses; l'état en a avec les choses mêmes. La misere est un état violent, dans lequel on éprouve souvent de cruelles situations : la situation est passagere, l'état est plus permanent.

SOBRIÉTÉ.

La sobriété est la retenue dans le boire & le manger : elle est opposée à la gourmandiſe. *Voyez* Frugalité.

SOLIDITÉ.

La ſolidité renferme les idées d'utilité & de durée : ainſi le ſolide eſt ce
qui eſt utile & ce qui dure long-
tems.

La ſolidité eſt l'objet des recher-
ches du bon ſens.

La ſolidité de l'eſprit eſt une con-
ſiſtance & une égalité dans la façon
de penſer.

SOLITUDE.

L'homme qui s'aime trop, & les
gens du grand monde ne craignent
rien tant, que de ſe trouver ſeuls;
leur conſcience & les préjugés les
tyranniſſent tour à tour; il faut que
le fracas & le tumulte du monde les
étourdiſſent ſur leurs propres ſentimens : mais la ſolitude eſt pour le
ſage la ſource des plaiſirs les plus
vifs; c'eſt-là que délivré du trouble
& de l'agitation, qu'on trouve dans

le tumulte & la diffipation, il jouît
de lui-même, il fent la félicité fuprême, la fatisfaction de fentir & de
penfer.

Sophisme.

Le fophifme eft un faux raifonnement, qui prouve toute autre chofe
que ce dont il s'agit dans la difpute :
il conduit à l'erreur en égarant, & en
rapprochant des raifons qui ne con-
viennent point au fujet.

Sotise.

La fotife eft l'expreffion de l'ignorance joint à la fuffifance. *Voyez ces
deux mots.*

Sortilége. *Voyez* Maléfice.

Souplesse.

La foupleffe eft la facilité de fe
prêter aux fentimens des autres, &
de paroître adopter leurs idées : elle
eft bonne ou mauvaife fuivant fon
objet.   La

La souplesse est quelquefois une disposition naturelle, qui marque peu de vigueur & d'élasticité dans l'esprit ; c'est une de ses facultés passives : elle reçoit facilement les impressions, parce qu'elle est souvent incapable d'en donner aux autres.

SOUVENIR.

Le souvenir est ce que la mémoire nous rappelle : c'est l'effet de cette faculté de l'esprit. *Voyez* Mémoire.

STUPIDITÉ.

La stupidité est une lenteur dans les opérations de l'esprit ; c'est un vice des organes ; c'est l'effet de l'insensibilité de l'ame, qui n'est que très-foiblement affectée des objets.

La stupidité est aussi quelquefois l'effet de la maladie, & d'une mélancolie accidentelle.

SUBTILITE'.

La subtilité est la facilité de saisir

les chofes qui paroiffent les plus difficiles à comprendre : c'eft une qualité de l'entendement.

L'intelligence nous fait concevoir
ce qu'on nous dit, la fubtilité en découvre les caufes les plus cachées,
& la fineffe nous en fait voir le rapport avec d'autres chofes.

SUFFISANCE.

La fuffifance eft la bonne opinion
que l'on a des chofes qu'on dit ;
c'eft un défaut de l'efprit qui naît de
la préfomption, & fouvent de l'ignorance : elle eft infupportable dans la
fociété, dont elle bleffe les égards
par fon ton décidé.

SUPERSTITION.

La fuperftition eft une peur ex-
ceffive des peines de l'autre vie ; c'eft
le vice des efprits foibles, qui croient
remplir le devoir par de petites pratiques de Religion ; elle conduit au
fanatifme, qui eft un zele de Religion

mal entendu : Jacques Clément étoit un fanatique superstitieux.

SURPRISE.

La surprise est un ébranlement soudain, qui est produit dans l'ame par quelque chose d'inattendu ; c'est le grand art d'émouvoir les passions, & par conséquent la source de l'éloquence, & des beautés qu'on trouve dans les ouvrages d'esprit.

SYMPATHIE.

La sympathie est le rapport intime d'une chose avec une autre ; c'est la ressemblance parfaite, qui se trouve entre leurs attributs : c'est le principe de l'amitié & de l'amour.

La sympathie peut se concevoir physiquement, par la comparaison suivante : de même qu'une corde de violon, qui se trouve à l'unisson d'une autre corde de la même espece, rend les mêmes sons que cette derniere, lorsqu'elle est touchée ; ainsi la sympathie eft l'harmonie réfultante de la corde des mêmes organes : les mêmes idées doivent néceffairement produire les mêmes fentimens, dans deux perfonnes unies par la fympathie.

T.

TE'ME'RITE'. *Voyez* **AUDACE.**

TEMPERAMENT.

Le tempérament eft la marque qui diftingue chaque conftitution ; il fe forme de la qualité des humeurs, qui font produites à leur tour par la difpofition des folides, & par la nature des alimens.

On diftingue quatre fortes de tempéramens ; le tempérament fanguin, le tempérament bilieux, le tempérament mélancolique, & le tempérament pituiteux : ces quatre efpeces d'humeurs dominantes mêlées les unes avec les autres, forment cette diverfité étonnante de tempéramens.

Les tempéramens s'alterent & changent par l'habitude, & font corrigés par l'habitude contraire ; chaque efpece de tempérament doit s'affujettir à un régime, ce qui eft propre à l'un eft fouvent contraire à l'autre ; par exemple, celui qui a un foie chaud, & qui par-là abforde l'humidité des alimens, a plus befoin d'une nourriture humectante & rafraîchiffante, que celui qui abonde en pituite : ainfi il eft très-important de connoître de bonne-heure fon tempérament, afin d'éviter les remedes qui ruinent le corps & la fanté : cette fcience eft une des plus néceffaires à l'homme, parce qu'il ne peut être parfaitement heureux fans la fanté.

Tempérament. Il eft des tempéramens, dit le Pere *Brumoi*, où le fang domine. L'on diroit que leurs veines font remplies de la liqueur bachique. Ils font fenfibles aux attraits du vice. Ils ne refpirent que la joie, prompts à chercher les délices, & à éviter les chagrins ; doux dans leur parler ; mous dans leurs manieres ; connus par leur enjouement & leur légereté ; enclins à former des amitiés subites, & à les rompre à l'inftant. Fêtes & fpectacles, feftins d'appareil & repas libres, jeux, pompe, bal, éclat, tout en un mot ce qui a un air de joie & de profpérité eft de leur goût.

Il en eft dont les entrailles font imbibées de bile ardente; ne loüant que ce qui vient d'eux, méprifant tout le refte; portés fur les aïles de l'orgueil & de l'ambition, prêts à tout ofer pour fe fatisfaire, à allumer la flamme de la rivalité, à fupplanter les concurrens, à former des projets hardis, à vifer aux premiers rangs, incapables de fouffrir ni égaux ni fupérieurs, portant fur leur vifage un air de domination. Dans les revers l'envie les ronge. La fortune revient-elle? leur cœur s'enfle. Ils reprennent leur premier fafte & leur fierté naturelle.

Il en eft qui font dévorés d'humeurs acides, comme d'un poifon lent qui les amaigrit. Ils connoiffent peu les ris, ou ils les veulent immodérés. Ils fe renferment dans eux-mêmes. C'eft avec eux feuls qu'ils roulent des idées gaies ou triftes, beaucoup plus celles-ci. Jamais leurs fecrets ni leurs affaires ne leur échappent, pas même dans le fein d'un ami; fideles du refte à garder tout ce qu'on leur confie. Ils ignorent les agrémens de la vie, les expreffions aimables, la politeffe des airs, & tout le manége attrayant de la Cour; difficiles, plaintifs, aufteres, peu fufceptibles de nouveautés, conftans & fermes dans leurs entreprifes, & conféquemment très-propres à cultiver les Mufes.

Le dernier ordre des tempéramens eft comme noyé dans une pareffeufe pituite. Il en réfulte une efpece à part, & fort différente des autres ; efpece glacée, fans ame, fans goût, fans agrément & fans utilité, ni pour elle, ni pour autrui ; foit parce que dénuée de cette chaleur qui anime tout, elle eft lente dans l'exécution, craignant tout, où rien n'eft à craindre, & fe défiant de fes forces; foit parce que fon extrème crédulité l'emporte à tous vents, & que fa foibleffe éft rebutée par les moindres obftacles. A peine les prendroit-on pour des hommes : ce font des ftatues qui paroiffent vivre fans principe de vie.

Tels font les quatre principaux tempéramens. Mais le mélange varié des humeurs les varie à l'infini, & jette dans les caracteres d'extrèmes différences, par de légers changemens. Ce mélange en effet n'eft jamais fi égal, que ce foit toûjours une feule humeur qui domine ; fouvent on en voit régner deux qui fe combattent à forces égales, & fouvent la tardive pituite arrête la fougueufe bile. Alors la lutte des humeurs eft dans un parfait équilibre : mais nul autre accord ne peut unir ces irréconciliables ennemis.

X iv

Etudiez dans votre tempérament les qualités & les vices de votre naturel. L'un & l'autre point demandent de l'attention. Le visage, les yeux, la conformation du corps vous instruiront mieux que les plus habiles Esculapes. Chacun doit être le sien à certains égards pour le corps & pour l'ame. Interrogez votre cœur. Consultez les égaremens mêmes de votre esprit, quand se donnant l'essor il se perd dans ses idées, & vous joüe par de vaines images. Examinez les délires des veilles, & les songes de la nuit : ce sont les vrais oracles des cœurs.

TEMPÉRANCE.

La tempérance est la modération dans les plaisirs, & surtout dans ceux de la table ; elle renferme la sobriété & la frugalité. *Voyez ces deux mots.*

La tempérance sert aussi de frein à nos appetits naturels ; elle réprime l'incontinence, & renferme conséquemment aussi la chasteté. *Voyez ces deux mots.*

On entend aussi par tempérance, cette modération de desirs, cette égalité d'ame, que le sage conserve dans la bonne, comme dans la mauvaise fortune.

Tempérance. La tempérance renferme la modération dans les desirs, si nécessaire au bonheur de l'homme. Ecoutez le Père *Brumoi.*

Vieillards, que l'ambition ou la fortune ont vû blanchir sous leur empire, jettez un coup d'œil sur un jeu d'enfans, & instruisez-vous. Voyez-les tremper un chalumeau dans une liqueur visqueuse. Au premier souffle naît une bulle d'air qui se détache, vole & leur sert de joüet. Ils courent ; ils se la renvoient ; ils la suivent des yeux ; elle s'évanoüit, ils réiterent leur badinage. Apprenez de-là ce qu'a été votre vie. Desirs d'objets vuides de réalité, songes, fantaisies, illusions ; est-ce-là l'occupation des esprits nés pour ne point mourir ? Ah ! Pyrrhus, quelle folie de rouler ces vaines idées de triomphes à venir ! Non, ce n'est point prudence, c'est puérilité qui vous guide. Vos projets sont-ils plus sérieux que les jeux de l'enfance ? Vous cherchez le repos. Hé ! il est dans vous, si le sens droit y réside, si l'ambition en est bannie ; mettez un terme à vos desirs : voilà l'innocence, voilà ce bonheur tant desiré.

S'il est un terme à tout & même à la vertu, combien plus en est-il pour les flots des criminelles passions ! Mais quel mal (dira ce cadavre vivant) de bâtir & de planter ? Quoi ! vous loüez des ouvriers pour ouvrir des carrieres, & vous allez mourir ! Ce superbe édifice que vous projettez doit-il être votre tombeau ? Non, il en faut moins. C'est donc pour des héritiers que vous destinez ces Palais futurs, & ces nouveaux plans. Mais à quoi bon la fortune, s'il ne vous est pas permis d'en joüir ? Voilà ce que vous crie l'un & l'autre Satyrique Romain. La nature vous le dit mieux encore. O trois fois heureux, qui ne désirant que ce qu'elle exige, méprise tout ce qui est au-delà de ses modestes vœux ! Modeste en effet, & nullement importune dans ses demandes, elle ne veut que ce qui lui suffit, peu pour le pauvre, un peu plus pour le riche, modérément pour les deux états. Par cette attention à resserrer la sphere des desirs, elle a pour but que le cœur donne moins de prise aux traits de la capricieuse fortune. Hé ! n'est-il pas certain, que plus le cœur souhaite, plus il s'étend, plus il prête aux violentes secousses du destin ? O si j'avois encore un petit champ situé à ma bienséance pour arrondir mes terres ! je bornerois-là mes vœux. Vous le croyez. Hé ! ne savez-vous pas que la passion ne dit ja-

mais, c'est affez ? Ce petit champ injufte-
ment enlevé à fon poffeffeur aura à peine
accrû votre patrimoine, que vous voudrez
y joindre la terre voifine ; que bientôt votre
infatiable faim dévorera toutes les campagnes des environs, & que les maifons de
plaifance dignes des Monarques ne la raffa-
fieront pas. Que faites-vous ? Les vents agi-
tent votre cœur, la tempête approche. Ra-
menez les voiles, ou bien votre vaiffeau fera
brifé.

TENDRESSE.

La tendreffe eft une difpofition du
cœur à la fenfibilité, & à cet amour
qu'un fexe a pour un autre. Cette
difpofition vient de la qualité des
humeurs, qu'on remarque dans les
tempéramens humides & chauds.

La tendreffe n'a pas la violence de
l'amour, mais elle eft plus durable &
plus pénétrante ; l'amour ne nous agite
le cœur que par intervalle, la tendreffe
le remplit & l'occupe fans ceffe ; l'un
a pour objet la poffeffion de ce qu'il
aime, & l'autre l'union des cœurs :
enfin, l'amour eft une paffion, & la

tendreſſe n'eſt qu'un ſentiment. *Voyez* Amour.

La tendreſſe s'étend à l'amitié & aux autres liaiſons du cœur, ou ſi l'on veut aux liaiſons du ſang, comme la tendreſſe paternelle & filiale.

Tendreſſe. Voici le portrait que fait le Pere *Brumoi* de la tendreſſe.

Un génie bien différent de Cupidon erre dans des déſerts peu connus. La piété qui veille à l'union des parens, de la patrie, des amis, la tendre amitié, Aſtrée elle-même revenue pour lui ſur la terre, ſe font honneur de l'eſcorter. A ſa ſuite on voit ces ames ſublimes & ces cœurs héroïques, qu'une vertu ſans tache & ſans fard a d'abord in-ſérés aux Cieux : exemples fameux, que la bonne foi a conſacrés à l'immortalité, & à l'émulation de leurs derniers neveux. On ne voit dans ce nombre, ni fils dénaturés qui comptent & abregent les jours des peres, ni freres exécrables, dont la main ſe teint du ſang de leurs freres. On y voit des épouſes complaiſantes, des fils dociles & dignes de la tendreſſe paternelle, des ci-toyens aſſez zélés pour s'immoler à la pa-trie. Decius percé de fleches, victime de Rome rachetée, y montre les monumens de ſon courage. Codrus devenu Berger,

pour sauver Athenes par sa mort, prouve
qu'il mérite d'être le dernier de ses Rois. On
y remarque cet inexorable Regulus tel qu'il
fut, quand il s'offrit volontairement aux
supplices qui l'attendoient. Vainement sa
femme & ses enfans éplorés le retiennent
par leurs embrassemens. Il persiste dans son
dessein, & vole chez l'ennemi à une mort
cruelle & certaine. On y reconnoît Alcyone
qui se précipite après Ceyx sous les eaux :
& cette généreuse Romaine devenue mere
d'un peré qu'elle nourrit de son lait. La
tendre piété s'est plue à se peindre elle-
même dans le tableau plein d'ame & de
vie, qu'on a fait de cette héroïne. On voit
enfin les couples inséparables d'amis fidé-
les, Euryale & Nisus, Pylade & Oreste,
Pirithoüs & Thesée, Patrocle & Achille,
Castor & Pollux, sans compter les tendres
époux, Eurydice, Orphée & leurs pareils.
Cet amour épuré a peu d'adorateurs :
mais le peu qu'il a trouvé est purifié par sa
flamme sacrée des moindres taches de l'intérêt & de l'humanité. Pour les en préserver
dans la suite, il les environne d'un air cé-
leste qu'ils respirent. Ainsi le creuset & la
fournaise purgent l'or, l'airain & tous les
métaux du mélange impur qu'ils ont con-
tracté dans les entrailles de la terre. Le mé-
tal coule en feu liquide, & répand en fumée le vice étranger, dont il se délivre. Le

Dieu, dont je parle, ne visite gueres les lambris dorés & les riches Palais. Il aime la solitude. Il fuit les flots inconstans du vulgaire insensé, & le trouble des affaires civiles. Il se trouve peu aux assemblées du barreau, & sous ces voûtes qui retentissent de tant d'orages, tandis que l'impie Erynnis y fomente de cruelles inimitiés & de lugubres combats. Les nations paisibles & les campagnes éloignées du bruit, le reçoivent comme une Divinité exilée. C'est-là qu'il touche d'un trait aimable des cœurs champêtres & des esprits dignes du Ciel. Il se les associe pour les enflammer du desir & de l'amour de la vertu. Le vulgaire n'en connoît que le simulacre d'or, qu'il fait profession de révérer.

TENTATION.

La tentation est l'effet du tempérament : c'est ce secret penchant qui nous attire vers un objet plutôt que vers un autre.

TIMIDITÉ.

La timidité est la crainte du blâme ; elle vient souvent du peu de connoissance que nous avons des usages du monde : quoiqu'elle ait l'amour-propre pour principe, elle est cependant toûjours la marque de la modestie, & suppose la connoissance de nos défauts.

La timidité fait souvent un sot d'un homme de mérite, en lui ôtant la présence d'esprit, & la confiance nécessaire dans le commerce du monde.

TON.

Rien n'est si arbitraire que ce qu'on appelle le bon ton : chaque pays, chaque nation, chaque province, chaque société a son bon ton établi sur ses usages : cependant, il y a un bon ton absolu indépendant de la coûtume ; c'est un accord du geste, du maintien, des pensées & des sentimens avec les expressions qui les rendent : accord qui consiste principalement dans les graces ennemies de toute affectation, & propres à chaque chose. *Voyez* Graces & Affectation.

Le bon ton eſt auſſi relatif à l'état de vie qu'on a embraſſé, au ſexe & à la condition des perſonnes avec leſquelles on ſe trouve : la politeſſe en fait le fondement.

TRAHISON.

La trahiſon eſt l'abus de la confiance, ou de la bonne foi publique. Un homme qui révele les ſecrets qu'on lui a confiés, eſt coupable de trahiſon ; un citoyen qui paſſe dans un pays étranger, qui connoît la force & la foibleſſe de l'état qu'il vient de quitter, & qui ſe ſert des connoiſſances qu'il a acquiſes pour nuire à ſa patrie, eſt un traître, qui mérite l'indignation des hommes & la ſévérité des Lois.

L'eſpion eſt un traître auſſi, moins coupable à la vérité, puiſqu'il ſert ſa patrie.

La trahiſon eſt auſſi une action mêlée de ſurpriſe & de vengeance ; un lâche qui attire ſon ennemi dans un un piége, ou qui le tue par derriere, commet une trahison.

TRANQUILLITÉ.

La tranquillité est ce calme que l'ame éprouve lorsqu'elle n'est agitée d'aucune passion, & qu'elle joüit d'elle-même, c'est l'état du bonheur.

La tranquillité est souvent le fruit d'une bonne conscience, & plus souvent encore l'effet du tempérament. Un sang bouillant est contraire à la tranquillité : c'est pourquoi les jeunes gens en joüissent si peu.

TRAVAIL.

L'homme regarde le travail comme une peine, & conséquemment comme l'ennemi de son repos : c'est au contraire la source de tous ses plaisirs, & le remede le plus sûr contre l'ennui. Nous renfermons en nous-mêmes un principe actif qui nous porte à l'action, dès que cette activité n'a point d'objet réel, l'esprit se replie fur lui-même, il fe trouble, il s'agite ; & de-là naiffent l'ennui, les inquiétudes, les appétits bifarres & défordonnés , l'oubli du devoir & l'habitude du vice.

TRISTESSE.

La trifteffe eft un abbattement que l'ame éprouve, lorfqu'elle a perdu, ou lorfqu'elle craint de perdre un bien qu'elle poffede.

Il eft peu de biens dont la privation doive nous caufer cette langueur mortelle qui dégrade l'homme, & marque la foibleffe de fon efprit.

Trifteffe. Saififfons, dit le Pere *Brumoi*, un modele qui n'eft, hélas ! que trop commun. Le plus tendre des peres perd le fils le plus chéri. Voici, ce femble, la marche & le progrès de la douleur. L'horrible nouvelle a-t'elle frappé fon oreille ? Il croit fentir un poignard qui lui perce le fein. Il demeure ftupide, il devient prefque ftatue comme Niobé par le ferrement de cœur, ou comme Phinée à l'afpect de Médufe. Un nuage couvre à l'inftant fes yeux. Une subite horreur serpente par tout son corps, & pénetre ses os. Ses bras tombent. Ses genoux se dérobent. Tous ses membres frémissent, comme une moisson battue des vents, ou comme un ormeau enveloppé par un tourbillon. Il s'évanoüit. L'ame ne tient plus qu'à un léger fil. Il respire encore; c'est tout ce qui paroît de vie : le reste est une apparence de mort. Le cœur est serré. Les veines oublient leur ministere. Une humeur glutineuse arrête leur jeu. La bile ronge les entrailles. Le sang s'aigrit tout à coup.

A-t'on contraint les esprits de se ranimer ? Il revient à lui, il gémit, il lance d'ardens regards vers le Ciel. La voix lui manque. Les paroles expirent sur sa langue. La plaie est trop profonde. Les larmes, cette derniere ressource des affligés, n'accourent point à son aide. La force du mal est renfermée au dedans, & y fait sentir sa cruelle activité. Un poids énorme de bile acre entoure & presse la poitrine. Si le corps se délivre enfin du fardeau dont il est accablé, & du venin dont il est dévoré, c'est alors que cet infortuné pere se frappe violemment le sein, se tord les bras, se déchire le visage, s'en prend au Ciel qu'il insulte, puis s'en repent & retombe sur lui-même. » Ah ! c'est-moi, s'écrie-t'il, c'est-» moi seul que je dois accuser. Si je t'avois

» aimé en pere, tu vivrois & je ne mour-
» rois pas de douleur. Je t'ai causé le tré-
» pas. « Un morne silence succede à ses cris.
Il fixe à terre ses sombres regards. Il aime
à rassasier son esprit du poison qui le tue.
Son œil immobile est l'image de la stupeur.
Il rappelle les vertus, les graces & les talens du fils qu'il pleure. Ce triste portrait est
gravé profondément dans son cœur pour le
déchirer; car la blessure s'irrite d'autant plus,
qu'on fait plus d'efforts pour la guérir.
« Quoi ! la mort barbare m'aura ravi un
» thrésor si précieux, & je ne pleurerois
» pas ! Ah, foibles consolateurs, portez
» ailleurs vos frivoles avis, qu'ils adoucis-
» sent la douleur des pertes légeres. J'ai
» tout perdu, hélas ! & vous ignorez ce
» que c'est qu'être pere. » Sa fureur se ral-
lentit : des torrens de larmes inondent son
sein.

La nuit survient. C'est pour lui qu'elle
couvre le Ciel & ses malheurs. Son désespoir revit & se nourrit dans les ténebres. Il
appelle à son secours les enfers & la mort
qui se rend sourde à ses cris. Il se sent
entraîner vers elle. Il y voleroit, si un reste
de raison ne suspendoit encore l'effet de sa
rage. Mais il savoure l'idée du trépas. Le
fer ou les précipices lui semblent doux. Il
compte pour rien une perte après laquelle
il soûpire. Il foule aux piés la crainte de

l'Averne ; & la mort s'offre à sa vûe , comme le dernier des maux. Un moment après, son esprit frémit d'un si funeste projet. Il désiroit le trépas ; il l'abhorre , il tremble, comme s'il voyoit l'Acheron répandre ses ténebres , & envelopper sa maison d'un crêpe affreux. Il croit entendre des cris aigus , des bruits nocturnes, & des vents sortis du sein des montages. Il gémit , comme si le Ciel étoit prêt à l'écraser par sa chûte , tant est forte l'impression des spctetres que la terreur fait voler autour de lui ! Cependant le Ciel , loin de s'armer de foudres, est tranquillé. Le silence regne sur la terre. Un doux sommeil verse ses pavots bienfaisans sur les corps fatigués. Quadrupedes, oiseaux , humains , tout dort , hormis cette malheureuse victime de la douleur. Son cœur se repaît de craintes funestes , & ne se prête pas plus au repos , que ses yeux au sommeil. Il décharge sa rage sur ce qu'il rencontre , sur sa couche même : tout lui paroît l'objet de son courroux. Il leur impute une perte dont ils sont innocens : mais sa douleur en est soulagée. Que si le sommeil se glisse furtivement dans ses sens accablés : c'est un sommeil d'airain. Son imagination est bourrelée par les pâles ombres. Les Eumenides armées de leurs torches, l'infestent d'idées funéraires : Manes & Simulacres versent l'horreur dans son esprit.

Abandonné de tout l'Univers, tantôt il vogue sur une mer orageuse au milieu d'inaccessibles écueils, où il entend des voix terribles qui l'appellent en hûrlant, tantôt il se trouve transporté dans d'affreux déserts. Son fils lui-même l'effraie plus que tout autre objet. Il lui apparoît, non tel qu'il fut autrefois, mais tout couvert de poussiere & de cendre. « Est-ce toi, (s'é- » crie le pere,) est-ce toi, cher enfant, » que mes empressemens cherchent dans » tous les climats? Approche cette main : » vole dans mes embrassemens. Tu te tais ! » tu ne m'embrasses point. Ah ! du moins » un mot, & je suis consolé. » Il dit : l'ombre & le sommeil s'envolent à l'instant pour le rendre tout entier à sa douleur.

Les jours ne sont pas moins affreux que les sombres nuits. Il veut revoir la lumiere, il la revoit, il gémit. Il souhaite la présence des amis. Sont-ils présens ? il les fuit. Ses vœux s'entredétruisent, comme ceux de la fille de Pasiphaé. Elle ose concevoir un amour qui devoit faire horreur aux siecles futurs. Furieuse dans sa passion, elle se fait parer, & déteste sa parure.

La démence suit la douleur. Ce pere abîmé dans son affliction, fait dessein de passer ses jours dans un antre ; du moins il cherche les bois & les lieux solitaires, pour remplir de ses gémissemens les montagnes infenfibles. Il ne fonge qu'à entretenir fa plaie, de forte que fa douleur devient auffi longe qu'elle eft inépuifable. C'eft ainfi que deux Déeffes pleurerent leurs fils, l'une Memnon, l'autre Achille. Elles étoient immortelles & meres. Qu'on dife encore qu'il n'eft point d'éternelles douleurs. Véritablement, il faut l'avoüer, le tems eft le remede. Sur les aîles du tems, la trifteffe s'envole : c'eft l'ordinaire. Mais quand une trifteffe opiniâtre a piqué le cœur au vif, & s'eft cachée dans fa profondeur, le tems ne fert qu'à l'accroître. Nul fouhait d'un meilleur deftin ne la peut déraciner, l'efpérance même eft contrainte de fuir avec effroi. Il fut des jours fereins pour le malheureux pere. Ils ne font plus. Ils ne reviendront plus. Retiré dans fa folitude, il abandonne tout : il s'abandonne lui-même, femblable à un nautonnier qui a long-tems lutté avec l'implacable mer. Il voit fes vœux trompés & fes efforts fuperflus. Il jette un long regard fur le rivage trop éloigné. Il s'affit fur la poupe, & fe livre à la fureur des flots.

TYRANNIE.

La tyrannie eft l'abus de l'autorité ; elle s'étend fur les actions & fur

les volontés, fur les chofes divines
& humaines.

La tyrannie qu'on exerce fur la
confcience, eft une action qui ré-
volte l'humanité, & qui eft fouvent
auffi inutile que cruelle. Les puiffan-
ces de la terre n'ont le pouvoir que
fur nos corps, nos ames font indé-
pendantes, & n'éprouvent de trouble & de contrainte, que de leur
confentement.

V.

VAILLANCE.

La vaillance eft la vertu des héros,
c'eft le mépris de la mort & le defir de la gloire qui l'infpirent. Elle
facrifie au bien public, ce que les
hommes regardent comme le plus
grand des biens, la vie. Elle ne confifte pas dans cette folle préfomption, qui fait affronter les hafards,
& qu'on peut nommer ambition &
témérité; elle ne vient pas de cette

ardeur bouillante, qui ne respire que le sang & le carnage : c'est férocité ; ce n'est pas non plus cette aveugle indifférence pour la vie, cette fougueuse valeur qui ne voit pas le péril : c'est stupidité. La véritable vaillance connoît le danger, se sert de toutes les regles de l'art & de la prudence pour le détourner, & s'y livre sans crainte lorsqu'il est inévitable.

VALEUR.

La valeur est la force réunie au courage. *Voyez* Courage, Bravoure, Intrépidité.

VANITÉ.

La vanité est l'étalage de nos avantages ; la vanité a quelque chose de bas, parce qu'elle a ordinairement de petits objets, & qu'elle se fait gloire bien souvent des choses qui avilissent plutôt l'ame qu'elles ne l'élevent. Elle emprunte son éclat des choses qui nous sont étrangeres, plutôt que des qualités de l'ame : & c'est en quoi elle diffère de l'orgueil, qui a des objets plus nobles, mais dont le principe est aussi vicieux.

VASTE.

Esprit vaste. *Voyez* Esprit.

VÉNÉRATION.

La vénération est un sentiment d'admiration, mêlé d'amour & de respect.

On a de la vénération pour les grands hommes, on en a aussi pour les choses sacrées ; & pour lors la vénération est un sentiment de respect mêlé de crainte.

VÉRITÉ.

La vérité est ce qui est, ce que l'on peut assûrer qui existe.

Vérité. La vérité, dit M. *de Massillon*, est cette régle éternelle, cette lumiere intérieure, sans cesse présente au-dedans de nous, qui nous montre sur chaque action ce qu'il faut faire, ou ce qu'il faut éviter ; qui éclaire nos doutes, qui juge nos jugemens ; qui nous approuve, ou qui nous condamne en fecret, felon que nos mœurs font conformes ou contraires à fa lumiere ; & qui plus vive ou plus lumineufe en certains momens, nous découvre plus évidemment la voie que nous devons fuivre.

VERTU.

La vertu eft la pratique conftante & affectueufe de nos devoirs, c'eft la préférence du bien public à l'intérêt perfonnel. Il y a une vertu indépendante de la coûtume, & fondée fur cette lumiere que nous avons reçûe de l'Etre fuprème, c'eft la véritable : celle qui n'eft établie que fur l'opinion des hommes ne mérite pas ce nom.

C'eft l'amour de Dieu qui eft la fource des vertus chrétiennes, c'eft l'amour des hommes qui eft le principe des vertus morales : on appelle auffi de ce nom les bonnes qualités de l'efprit.

La vertu renferme nos devoirs. *Voyez* Devoirs. C'eſt la connoiſſance de ce que nous devons faire & éviter, qui nous la donne : ainſi, c'eſt l'ignorance qui produit les vices, d'où il s'enſuit que nous ne faiſons le mal, que faute de le connoître pour tel.

La ſcience nous vient de Dieu, les hommes ne peuvent nous la donner, qu'autant que Dieu fera taire les paſſions, & rendra la conſcience attentive aux préceptes des ſages.

VICE.

Le vice eſt ce qui eſt oppoſé à la vertu. Il prend ſa ſource dans l'amour-propre mal entendu ; c'eſt la préférence de l'intérêt perſonnel au bien public : c'eſt ce qu'on appelle mal moral.

On entend auſſi par vice les mauvaiſes qualités du cœur & de l'eſprit, & on les diſtingue des défauts & des ridicules. Les vices prennent leur ſource dans l'ame, les défauts dans le tempérament, & les ridicules dans l'esprit. On peut se corriger des vices & des ridicules, on ne détruit pas aisément les défauts du corps.

Le vice ne nuit point à l'harmonie de l'Univers ; il n'offense que son auteur, excepté le vice de séduction qui nuit également à soi-même & aux autres, & qui par cette raison mérite d'être doublement puni.

L'esprit du monde ne juge des hommes, que par le rapport que leurs qualités ont avec leur avantage personnel : & souvent il préfere un vice amusant ou un ridicule brillant, à une vertu sérieuse & chagrine.

VIEILLESSE. *Voyez* Age.

VIGILANCE.

La vigilange qui est opposée à la paresse, est cette attention à nos devoirs que nous donnent l'activité de l'ame & le desir de nous rendre heureux.

VIVACITÉ.

La vivacité eſt une promptitude dans les opérations de l'eſprit, qui vient de l'heureuſe diſpoſition des organes & de la libre circulation du ſang.

Ces deux eſpeces de vivacités ſe trouvent ordinairement enſemble, mais elles ne ſont point inſéparables.

La vivacité de l'eſprit ſuppoſe des paſſions vives ; lorſque cette vivacité eſt trop grande, elle nous ébloüit & nous égare comme une lumiere trop ardente ; elle nous empêche d'approfondir la vérité, & ne ſert ſouvent qu'à nous conduire d'erreurs en erreurs.

UNIVERS.

L'Univers eſt cette eſpace immenſe qui renferme la Terre, la Mer & les Cieux, & qui eſt peuplé de différens êtres.

Les Stoïciens penſoient que Dieu

avoit feulement arrangé le monde avec les quatre élemens, qui alors confondus, formoient le cahos & la matiere premiere. Ils difoient qu'il l'avoit arrangé auffi bien qu'il pouvoit l'être, & qu'il l'avoit rendu auffi bon que la matiere pouvoit le permettre.

Les Epicuriens convenoient auffi, que la matiere étoit de toute éternité ; & qu'à force de nâger dans le vuide, elle avoit compofé l'Univers par la rencontre fortuite des atômes : Phyfique qu'ils ne pouvoient appuyer d'aucuns raifonnemens plaufibles, & d'aucune expérience.

Pythagore ajoûtoit à ce fyftème, une ame qui étoit répandue dans tous les corps ; Spinofa a ajoûté depuis encore, que cette ame du monde étoit Dieu, & que tout étoit en lui.

La révélation nous apprend que c'eft Dieu qui a créé le monde ; la raifon nous prouve continuellement que c'eft lui qui le conferve ; & la foi nous oblige à croire qu'il finira.

Volage. *Voyez* Léger.

Volonté.

La volonté eſt l'effet du conſentement que nous donnons au jugement de l'eſprit. C'eſt un mouvement de l'ame, qui nous porte à l'action en conſéquence de la détermination de l'eſprit, ſoit que nous ſoyons déterminés par la conviction, ou entraînés par la perſuaſion. *Voyez* Conviction & Perſuaſion.

Notre volonté détermine toûjours nos actions : mais ſouvent notre volonté eſt incertaine, parce que notre raiſonnement n'eſt pas clair : le raiſonnement eſt obſcur, lorſque les idées ne ſont pas nettes. Ce défaut de netteté vient de notre ignorance ; par exemple, je veux devenir heureux, & pour parvenir à la félicité, je me livre au plaiſir des ſens ou de la table, parce que je crois que ces plaiſirs me la procureront, & que

j'ignore

J'ignore le chemin qui y conduit.

Si quelquefois nous paroissons agir contre notre volonté, c'est que plusieurs raisons combattent à qui la déterminera ; quelquefois la plus foible l'emporte, & détermine la volonté, qui, dans l'instant même, détermine l'action; laquelle action n'est pas plutôt faite, que l'autre raison qui nous a tenus quelque-tems en suspens, paroît alors la meilleure, & nous fait dire que nous avons agi contre notre volonté : ce qui est comme on voit très-fou.

Quel que soit le penchant des passions, la volonté peut résister à leur sujestions : ainsi, nous sommes toûjours libres d'agir ; mais il n'est pas moins vrai, que lorsque la volonté cede aux impulsions du sentiment, elle est pour lors déterminée par la séduction ; & il faut convenir que la séduction est une espece de violence, qu'il est très-difficile de surmonter ; cependant, quoique plus à plaindre, nous n'en fommes pas moins coupables, parce que les paffions ne peuvent s'emparer de notre ame, qu'avec notre confentement.

VOLUPTÉ.

Il y a peu de termes dans notre langue, dont la fignification foit plus vague & moins déterminée ; on le prend affez communément en mauvaife part, parce qu'on n'en a pas l'idée qu'on doit en avoir ; effayons donc de le définir : c'eft comme je l'ai dit, le feul moyen de parvenir à la connoiffance de la vérité.

La volupté eft le fentiment réfléchi du plaifir ; il naît de la modération de l'ame, qui joüit fans trouble, fans inquiétude, fans emportement : car fans modération le plaifir n'eft qu'une ivreffe, qu'un trouble machinal qui n'affecte que les fens, & qui les fatigue plus qu'il ne les fatisfait ; or, qui eft ce qui peut procurer cette modération très-rare & fi précieufe ?

la nature y contribue sans doute beaucoup par la bonne constitution des
organes : mais c'est l'estimation des
choses seules qui nous la donne.
Ainsi, la volupté suppose donc nécessairement des principes bons ou
mauvais, c'est-à-dire, une façon de
penser stable & décidée ; car l'incertitude est toûjours accompagnée de
trouble & d'inquiétude : ainsi, la volupté devient un bien ou un mal,
suivant la justesse ou la fausseté de
ses principes.

La véritable volupté est celle qui
n'est suivie d'aucun regret ni repentir, & dont la joüissance se renouvelle encore par le souvenir ; & par
le secours de l'imagination, qui la
multiplie pour ainsi dire, & en augmente la force & la durée, en ajoûtant à
l'impression que l'objet a déja faite sur
les organes du sentiment, une nouvelle impression plus vive & plus
pénétrante.

L'idée de la perfection dans un

objet & le véritable amour, nous procurent la volupté : elle differe des plaisirs, en ce que les plaisirs ne viennent que des sens, & la volupté appartient à l'ame.

Voici le portrait de la volupté, peint par M. l'Abbé *d'Alainval*, dans la petite Piéce de l'Hyver, Comédie, joüée au Théatre Italien.

Je suis la volupté,
Et fille de la liberté,
Mais non pas du libertinage.
Mon enjouement & ma gayeté,
Et mon aimable badinage
Viennent de ma tranquillité.

L'Hyver.

Vous êtes Philosophe ?

La Volupté.

Oh non, mais le vrai sage,
Quand il touche au midi de l'âge,
Trouve en moi sa félicité ;
Je fuis la fougueuse jeunesse,
Ses soins impétueux & ses distractions ;
Je hais & la folie & l'austere sagesse :
J'ai des plaisirs & non des passions.
Libre de soins, libre d'inquiétude,
De craintes, de desirs,

De remords & de repentirs,
Dans une douce étude,
Je trouve d'innocens plaifirs,
Sans en être plus précieufe.
Voilà la volupté, Seigneur, telle qu'elle
eft,
Si fon caractere vous plaît....
L'Hyver.
Non, vous êtes trop férieufe :
Pardonnez , je fuis franc & peut-être
brutal.
La Volupté.
Je ne vous en veux point de mal,
Tous ne favent point me con-
noître.
Adieu , je vois quelqu'un pa-
roître :
Vous vifez au terreftre , & je cours à
l'efprit.

Usage.

L'ufage du monde eft la maniere
d'agir ; il nous donne la fcience de
nous y conduire , felon les bienféan-
ces établies pour le rang, la naiffance, le fexe, l'âge, le tems & les lieux.
Chaque Nation, chaque Province,
chaque Ville a fes ufages. C'eft la

Cour & la Ville qui décident le bon usage en France.

L'usage du monde est préférable au savoir & à l'esprit, qui ne le supplée pas ; souvent un sot qui en a passe pour avoir de l'esprit, tandis qu'un homme d'esprit sans usage du monde passe souvent pour un sot.

Usage. Ce qu'on appelle l'usage du monde, dit M. *de Moncrif*, consiste, si je ne me trompe, dans la précision avec laquelle on emploie le savoir-vivre, la politesse, l'empressement ou la retenue, la familiarité ou le respect, l'enjouement ou le sérieux, le refus ou la complaisance : Enfin, tous les témoignages de devoirs ou d'égards qui forment le commerce de la société.

Y.

YVRESSE.

L'yvresse est un état de trouble & d'agitation causé par les liqueurs fortes, ou les passions violentes. C'est une espece de fureur, qui transporte l'ame & la ravit hors d'elle-même, en empêchant ses fonctions.

ADDITIONS.

ABANDONNER. QUITTER.

ON quitte pour un tems, on abandonne pour toûjours.

On quitte souvent sa femme pour la reprendre : mais on n'abandonne son pays, qu'avec le dessein de n'y plus retourner.

S'ABANDONNER. SE LIVRER.

S'abandonner marque la foiblesse de la nature humaine, il signifie se laisser aller ; se livrer est plus fort, & dénote une volonté pleine & entiere.

On dit d'un caractere foible & facile qu'il s'abandonne ; on dit d'un homme passionné qu'il se livre : l'un ne peut résister à l'attrait du plaisir, & l'autre le recherche avec ardeur.

ABHORRER. DÉTESTER. HAÏR.

On abhore ce qui infpire l'horreur, on détefte ce qui eft méchant, on haît ce qui déplaît.

On haît une perfonne, parce qu'elle eft d'un commerce dur dans la fociété, qu'elle eft cauftique, & qu'elle a l'efprit de domination, quand elle eft contrariante & opiniâtre ; nous la déteftons quand elle a commis quelque action de noirceur ; & nous l'abhorrons quand elle eft coupable des crimes, qui font contre nature.

On haît les vices, on détefte les trahifons, on abhorre les crimes & les meurtres.

ABJET. VIL. BAS.

On dit d'une chofe qu'elle eft vile, d'une action qu'elle eft baffe, & d'un homme qu'il eft abjet.

Un homme de condition fe dégrade & devient abjet, lorfqu'il commet des actions baffes ; c'eft la vertu plutôt que la naiſſance, qui diſtingue la nobleſſe : & dès qu'il s'écarte, il ſe rend ſemblable à la plus vile populace.

Bas s'employe auſſi quand on parle des choſes qui ont rapport à l'eſprit ; on dit cet homme a des expreſſions, des propos bien bas, & non pas vils.

ABJECTION.

L'abjection eſt un état de baſſeſſe, dans lequel l'ame vile ſe plonge volontairement. *Voyez* Baſſeſſe.

ABOMINABLE. DÉTESTABLE. EXE'CRABLE.

Déteſtable & abominable ſe diſent des perſonnes & des choſes ; on dit un homme déteſtable, des actions déteſtables : ce ſont celles où il entre de la méchanceté, & de la noirceur.

Abominable renferme l'idée de profanation ; & exécrable ſe dit des choſes qui inſpirent de l'horreur, &

qui font contre nature. En fuivant cette définition, on ne doit pas l'appliquer aux perfonnes, parce qu'on ne peut pas dire qu'elles font contre nature : mais on peut s'en fervir avec le mot de monftre, par exemple, un fils qui a tué fon pere eft un monftre exécrable.

ABSTINENCE.

L'abftinence eft une privation volontaire. Elle eft un bien, ou un mal, fuivant fon objet. L'abftinence eft auffi une vertu de Moines fort voifine de la fuperftition.

ABSTRACTION.

L'abftraction eft une opération de l'efprit, qui confidere ce qu'un genre a de commun fans diftinguer les propriétés de l'efpece, par exemple, dans cette propofition générale, *Tout être animé a dans lui-même un inftinct, qui veille à fa propre confervation* ; je fais abftraction de l'efpece.

Cette maniere d'envisager les objets est sujette à l'erreur, par les fausses conséquences qu'on tire d'une maxime générale ; c'est ce qu'on peut voir dans l'exemple cité. On conclurroit mal, si de ce que tout être animé a dans lui-même un instinct, qui veille à sa propre conservation, on concluoit que l'homme qui est un espece de ces êtres, peut abandonner sa conduite au hasard.

ACCABLEMENT.

L'accablement vient du corps ou de l'esprit ; l'accablement du corps vient de la maladie ou de la fatigue ; l'accablement de l'esprit est un état de l'ame, qui succombe sous le poids de ses peines.

Cet état dégrade l'homme & laisse voir sa foiblesse ; il n'est point de maux ni de situations dans la vie, auxquels il n'y ait du remede ; & quand même il n'y en auroit pas, ce seroit toûjours une folie de s'en affliger, puisque cela ne serviroit à rien.

L'abattement qui n'est qu'une langueur, que l'ame éprouve à la vûe d'un mal qui lui arrive, nous conduit quelquefois jusqu'à l'accablement, qui produit toûjours le découragement.

Le découragement est une foiblesse de l'ame qui cede aux difficultés, & qui nous fait abandonner une entreprise commencée, en nous ôtant le courage nécessaire pour la finir.

ADMIRATION.

L'admiration est une longue surprise mêlée de respect, & souvent d'amour.

Elle differe du simple étonnement, par l'importance de l'objet, qui est grand ou merveilleux. Un homme d'esprit voit peu de choses dignes d'admiration, un stupide n'admire rien, & un sot trouve tout admirable.

ADORATION.

L'adoration eſt l'hommage que l'on doit à la Divinité. Il y en a de deux ſortes, la premiere eſt une élévation de l'ame vers ſon auteur ; la ſeconde que l'on nomme culte, conſiſte dans la façon dont il faut adorer Dieu.

Les Déiſtes prétendent que la premiere ſuffit, & n'admettent point de Religion qui preſcrit un culte quel qu'il ſoit.

ADROIT. HABILE. ENTENDU.

Habile ſe dit de la conduite, entendu des lumieres de l'eſprit, & adroit des graces de l'action.

ADVERSITÉ.

Les adverſités ſont des accidens malheureux, l'adverſité eſt l'effet de tous les accidens. Les accidens ſont paſſagers, l'adverſité eſt un état conſtant de malheur.

Les adverſités ſont ſi fort inſéparables de notre condition, qu'en quelque état que nous ſoyons, nous devons toûjours nous y attendre; c'eſt le moyen de les rendre moins ſenſibles.

L'adverſité n'eſt point un mal réel, ce n'eſt que la privation de quelques biens ; elle eſt ſouvent devenue la ſource de nos vertus, & conſéquemment de notre bonheur.

> Ainſi que le cours des années
> Se forme des jours & des nuits,
> Le cercle de nos deſtinées
> Eſt marqué de joie & d'ennuis.
> Le Ciel, par un ordre équitable,
> Rend l'un à l'autre profitable ;
> Et dans ces inégalités,
> Souvent ſa ſageſſe ſuprème
> Sait tirer notre bonheur même
> Du ſein de nos calamités.

Rouſſeau.

AFFECTATION.

L'affeĉtation eſt une maniere d'imiter, & de montrer des qualités qu'on n'a pas, ou des qualités qu'on voudroit avoir, ce qui établit deux especes d'affectations. La premiere se nomme hypocrisie. *Voyez* Hypocrisie.

L'affectation est la source du ridicule.

Affectation. Les imitations, dit M. *Duclos*, ne saisissent ordinairement que les ridicules de leur modele. Dorimond se tourmente à chercher tous les moyens de plaire ; malheureusement plus on les cherche, & moins on les trouve ; il veut imiter les agréables de la Cour : mais tout ce qui ne les rend que ridicules, le fait paroître maussade ; il y a des ridicules qui ne vont pas à toute sorte de figures, il y en a même de compatibles avec les graces ; & Dorimond ne brille pas par ceux-là : plus il veut faire le fat, plus il prouve qu'il n'est qu'un sot.

L'affectation dans le langage, dit M. le Duc *de Richelieu*, dans son discours de réception à l'Académie Françoise, une certaine recherche d'expressions singulieres, est un aveu de la stérilité des pensées : c'est une espece de fausse monnoie, à laquelle on n'a recours que dans l'indigence.

CALOMNIE.

La calomnie eſt une médiſance, qui n'eſt fondée que ſur de fauſſes apparences. Elle doit ſa naiſſance à la haine, à l'envie, ou à la méchanceté.

CHANGEANT. *Voyez* Léger.

CIVILITÉ.

La civilité eſt une vertu de ſociété, qui rend à chacun ce qui lui eſt dû ; elle conſiſte dans les égards mutuels, que l'uſage & la différence des rangs & des conditions a établis. La civilité eſt auſſi la démonſtration de nos ſentimens obligeans pour nos ſemblables, par nos geſtes & par notre maintien.

COMPLAISANCE.

La complaiſance eſt une condeſcendance honnête aux idées, ou aux volontés des autres. *Voyez* Complaiſance.

DÉCOURAGEMENT.

DÉCOURAGEMENT. *Voyez dans les Additions* Accablement.

DEVOIR.

Les devoirs des peres, font l'inſtruction & la tendreſſe ; les devoirs des enfans, font l'obéiſſance, la ſoûmiſſion, le reſpect, l'amour & la reconnoiſſance ; les devoirs de l'amitié, font la confiance, la bienveillance & les conſeils. *Voyez* Devoir.

DIVISION.

La diviſion eſt la diſtribution d'un tout en pluſieurs parties ; il y en a de deux ſortes : la premiere s'appelle diſtinction. La diſtinction eſt l'énumération de ce que ſignifie un terme ambigu : la ſeconde eſt la ſimple diſtribution des parties d'une propoſition, ou d'un diſcours.

ÉDUCATION.

Un pere de famille doit ſe proposer trois objets dans l'éducation de la famille, la science, les mœurs, la religion.

Les Belles-Lettres, les beaux Arts & les Sciences, forment l'esprit, lui donnent de l'étendue, de la capacité pour les affaires ; & lui procurent une secrete satisfaction, qui tient souvent lieu de richesses, de plaisirs & d'amis.

Elles élevent l'ame, & la portent aux grandes actions, par la connoissance qu'elles nous donnent de nos devoirs.

La fin de l'étude doit être de rendre l'homme meilleur, de réprimer l'orgueil, d'acquérir les vertus de la société & des Citoyens ; d'arrêter la fougue des passions, par les bons exemples que nous fournissent l'Histoire & les Livres de Morale.

L'éducation doit se diviser en trois tems, l'enfance est pour la mere, la jeunesse regarde le pere, & l'adolescence demande les soins de tous les deux.

ÉGARDS. *Voyez* le premier & ajoûtez :

Les égards sont aussi des ménagemens qu'on emploie pour dire des vérités dures, ou pour les taire : ils se conforment aux situations, au sexe, aux tems & aux lieux.

ÉTOURDERIE. *Voyez* Précipitation.

ÉTUDE.

Voyez dans le premier article les sciences nécessaires à l'homme ; & ajoûtez : Je voudrois aussi que l'on apprît un peu de chymie, beaucoup d'anatomie, & quelques principes de médecine : c'est la science la plus utile à l'homme.

Il vaudroit mieux qu'il connût la structure du corps humain, & les différentes maladies qui peuvent l'affliger, que de s'amuser à apprendre tant de sciences incertaines & inutiles ; il pourroit se passer de Medecin, il connoîtroit fon tempérament & fauroit le ménager ; il n'accableroit pas fon corps de remedes, parce qu'il en connoîtroit l'abus ; il diffiperoit la maladie avant qu'elle fût enracinée, & fe pafferoit des lentes confultations de la Faculté, qui, pour ne pas faire voir fon ignorance, ordonne toûjours des remedes en attendant qu'ils aient connu le mal.

Les Mathématiques, comme je l'ai déja dit, ont auffi leurs avantages ; mais je voudrois que l'on n'en fît pas une étude trop férieufe, qu'elle ne prît pas fur les autres occupations de l'homme ; & qu'enfin, l'on ne s'attachât en cultivant cette fcience, qu'aux parties qui peuvent fervir à l'utilité & à la commodité de la vie, comme la méchanique, l'architecture, l'hydraulique, &c.

La trop grande application aux fciences abftraites, fait changer les plus doux fentimens de la nature. Un favant oublie ce qu'il doit à fa femme, à ſes enfans, à ſes amis, &c.

IMAGINATION.

Voyez le premier article, & ajoûtez : L'imagination eſt auſſi une eſpece de perception, qui conçoit & ſe
repréſente quelque corps, ou quelque
figure ſans le ſecours des ſens ; par
exemple, je vois par le ſecours de
l'imagination une campagne riante,
quoique je ſois dans ma chambre, &
que j'aye les yeux fermés.

JUSTICE. *Voyez* le premier article,
& ajoûtez :

La juſtice eſt une vertu qui rend à
chacun ce qui lui eſt dû ; elle eſt fondée ſur ce principe de la morale, ne
faites pas aux autres ce que vous
voudriez qui ne vous fût pas fait à
vous-même.

LACHETÉ. *Voyez* Poltronnerie.

MORALE.

Voyez le premier article, & ajoû-

tez : Zenon réduifoit la morale à ces trois chefs. *L'homme eft né pour être heureux, il ne peut l'être qu'en fuivant l'impreffion de la nature ; dont il ne doit écouter & fuivre les impreffions que de l'aveu de la raifon, qui doit être toûjours fon guide.*

Quand même on ne pourroit pas prouver l'immortalité de l'ame, & les châtimens qui font réfervés aux crimes dans une autre vie, on n'en feroit pas moins fentir la néceffité de la morale pour être heureux. Tout ce qui eft contre la vertu & contre les Lois établies pour le bien de la fociété, reçoit dans ce monde-ci la peine dûe à toute infraction de la Loi: le mépris, l'infamie, les remords & les repentirs font indubitablement le châtiment du crime.

NETTETÉ.

Voyez le premier article, & *ajoûtez* : La netteté vient de la maniere dont on a appris les chofes ; fi les connoissances sont distinctes, les idées sont nettes : ainsi la multiplicité des connoissances qui les rend souvent confuses, nuit à la netteté. L'homme n'est pas fait pour embrasser tant d'objets à la fois, tous ces génies qui veulent être universels, ne sont la plûpart du tems que suffisans.

PARESSE.

Voyez le premier article, & ajoû-*tez* : Toute la nature est en action, & ne subsiste que par l'action : l'homme surtout en a besoin, & doit chercher à se rendre utile, tant pour le bien de la société, que pour son propre bonheur : ainsi, la paresse qui est une suite de tout travail, soit à l'égard du corps ou de l'esprit, est un des plus grands obstacles à notre bonheur. Elle nous cause une langueur, un abattement qui nous rend incapables à tout ; elle s'oppose à l'accomplisse-ment de nos devoirs ; & bien loin de nous procurer du repos & de la tranquillité, elle ne produit que l'ennui & le *méfaife*. Dans quelque situation du corps que fe trouve un parefleux, il n'eft jamais bien. La parefle nuit à la fanté, & aux connoiffances qu'on pourroit acquérir, empêche les bonnes actions que nous pourrions faire, & nous fait fouvent manquer le fuccès des projets les plus utiles, en retardant nos démarches.

PROPOSITION.

La propofition eft l'expofition, foit verbale, foit littérale, d'une penfée ou d'un jugement.

La propofition à l'égard du jugement fe divife en certaine & incertaine; à l'égard de la chofe, en vraie ou fauffe; à l'égard de fon étendue, en générale ou particuliere: & à l'égard de fon attribut en fimple ou compofée.

SENSATION.

Voyez le premier article, & *ajoû-*

tez : La sensation est aussi une espece
de perception, par laquelle l'esprit
frappé par les sens, conçoit différentes choses.

SAISONS.

Le changement des saisons, aussi
bien que des années, entraîne avec
elles différentes façons de penser. Le
Printems inspire l'inconstance & la
dissipation, l'Eté le repos, l'Automne
l'activité des plaisirs, & l'Hyver la
constance & l'amour du travail & de
l'étude.

TALENT.

Le talent est une aptitude à un art
méchanique ou libéral ; ce qui constitue deux sortes de talens, ceux de
l'esprit & ceux du corps. Les talens
de l'esprit, sont les Belles-Lettres, la
Musique, &c. les talens du corps,
sont la danse, l'art de monter à che-
val, &c.

Tous les talens de quelques especes qu'ils foient ne dépendent pas de nous, & ne doivent par conféquent nous infpirer, ni orgueil pour nous, ni mépris pour les autres ; ils ne deviennent eftimables, que par le bon ufage que nous en faifons, & ne fe rendent recommandables, que par la modeftie qui en releve le mérite & l'éclat.

Talens. Que font les grands talens, dit M. *de Maffillon*, que de grands vices, fi nous ne les employons que pour nous-mémes ? Que deviennent - ils entre nos mains ? Souvent les inftrumens des malheurs publics, toûjours la fource de notre condamnation & de notre perte. Qu'eft-ce qu'un fouverain né avec une valeur bouillante, & dont les éclairs brillent déja de toutes parts dès fes plus jeunes ans, fi la crainte de Dieu ne le conduit & ne le modere ? Un aftre nouveau & malfaifant, qui n'annonce que des calamités à la terre. Plus il croîtra dans cette fcience funefte, plus les miferes publiques croîtront avec lui. Ses entreprifes les plus téméraires, n'offriront qu'une fóible digue à l'impétuofité de fa courfe ; il croira effacer, par l'éclat de fes victoires, leur témérité ou leur injuftice.

L'espérance du succès sera le seul titre qui justifiera l'équité de ses armes ; tout ce qui lui paroîtra glorieux deviendra légitime. Il regardera les momens d'un repos sage & majestueux, comme une oisiveté honteuse, & des momens qu'on dérobe à sa gloire. Ses voisins deviendront ses ennemis, dès qu'ils pourront devenir sa conquête ; ses Peuples eux-mêmes fourniront de leurs larmes & de leur sang, la triste matiere de ses triomphes. Il épuisera & renversera ses propres états, pour en conquérir de nouveaux ; il armera contre lui les Peuples & les Nations, il troublera la paix de l'Univers, il se rendra célebre en faisant des millions de malheureux. Quel fléau pour le genre humain ! Et s'il y a un Peuple sur la terre capable de lui donner des éloges, il n'y a qu'à lui souhaiter un tel maître.

Repassons sur tous les grands talens qui rendent les hommes illustres. S'ils sont donnés aux impies, c'est toûjours pour le malheur de leur Nation & de leur siecle. Les vastes connoissances, empoisonnées par l'orgueil, ont enfanté ces chefs & ces docteurs célebres de mensonge, qui, dans tous les âges, ont levé l'étendard du schisme & de l'erreur, & formé dans le sein même du Christianisme, les sectes qui le déchirent. Ces beaux esprits si vantés, & qui, par des talens heureux, ont rapproché leur siecle du goût &

de la politeſſe des anciens, dès que leur cœur s'eſt corrompu, ils n'ont laiſſé au monde que des ouvrages laſcifs & pernicieux, où le poiſon, préparé par des mains habiles, infecte tous les jours les mœurs publiques, & où les ſiecles qui nous ſuivront viendront encore puiſer la licence & la corruption du nôtre.

Comment ont paru ſur la terre ces génies ſupérieurs, mais ambitieux & inquiets, nés pour faire mouvoir les reſſorts des Etats & des Empires, & ébranler l'Univers entier? Les Peuples & les Rois, ſont devenus le joüet de leur ambition & de leurs intrigues. Les diſſenſions civiles & les malheurs domeſtiques, ont été les théatres lugubres, où ont brillé leurs grands talens. Un ſeul homme obſcur, avec les avantages éminens de la nature, mais ſans conſcience & ſans probité, a pû s'élever dans le dernier ſiecle, ſur les débris de ſa patrie; changer la face entiere d'une Nation voiſine & belliqueuſe, ſi jalouſe de ſes droits & de ſa liberté; ſe faire rendre les hommages, que ſes Citoyens diſputent même à leurs Rois; renverſer le Throne, & donner à l'Univers le ſpectacle d'un Souverain, dont la Couronne ne put mettre la tête ſacrée à couvert de l'arrêt inoüi qui le condamna à la perdre.

Eſprits vaſtes, mais inquiets & turbulens, capables de tout ſoûtenir, hors le repos;

qui tournent sans cesse autour du pivot
même qui les fixe & qui les attache, &
qui aiment encore mieux ébranler l'édifice, & être écrasés sous ses ruines, que de
ne pas s'agiter, & faire usage de leurs talens & de leurs forces. Malheur au siecle
qui produit de ces hommes rares & merveilleux.

F I N.

www.ingramcontent.com/pod-product-compliance
Lightning Source LLC
LaVergne TN
LVHW050249060726
842525LV00002B/260